赤シート×直前対策！

note book

重要語句チェック & ぴたトレ専用ノート

社会公民

赤シートでかくしてチェック！

ぴたトレ notebook の使い方

重要語句チェックと専用ノートが1冊になっています。ぴたトレとセットで使って, 学習に役立てましょう。

1 重要語句チェック　赤シートを使って, 重要語句を覚えよう!

図解チェック
テストによくでる重要資料を確認しよう!

一問一答チェック
左の答えを赤シートでかくして, 右の問題文を読もう!
重要語句を覚えているか確認しよう!

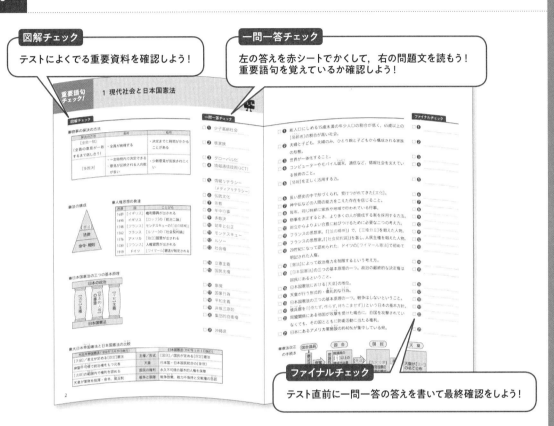

ファイナルチェック
テスト直前に一問一答の答えを書いて最終確認をしよう!

2 専用ノート　自分の学習コース(ぴたトレp. 2 - 3 参照)に合わせてノートを活用しよう!

学習日とぴたトレのページ数を記入しよう!

ぴたトレの解答をノートに書こう!
問題をくり返し解くことで, 知識が定着するよ!

自分がノートを見返す時に
わかりやすいように学習した範囲を書き込もう!
例:ぴたトレp.20-25の範囲の問題を解いた場合,
「ぴたトレp.20-25」と書き込む。

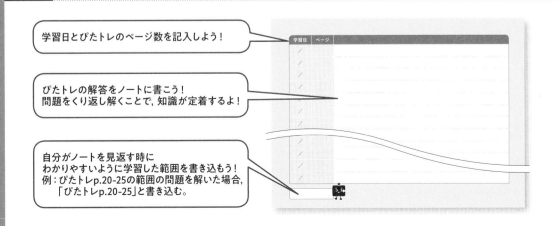

図解チェック

■物事の採決の方法

採決の方法	長所	短所
[全会一致] （全員の意見が一致するまで話し合う）	・全員が納得する	・決定までに時間がかかることがある
[多数決]	・一定時間内で決定できる ・意見が反映される人の数が多い	・少数意見が反映されにくい

■法の構成

■人権思想の発達

西暦	国	ことがら
1689	[イギリス]	権利章典が出される
1690	イギリス	[ロック]の「統治二論」
1748	[フランス]	モンテスキューの「[法の精神]」
1762	フランス	[ルソー]の「社会契約論」
1776	アメリカ	[独立]宣言が出される
1789	[フランス]	人権宣言が出される
1919	ドイツ	[ワイマール]憲法が制定される

■日本国憲法の三つの基本原理

■大日本帝国憲法と日本国憲法の比較

大日本帝国憲法(1890年11月29日施行)		日本国憲法(1947年5月3日施行)
[天皇]／君主が定める[欽定]憲法	主権／形式	[国民]／国民が定める[民定]憲法
神聖不可侵で統治権をもつ元首	天皇	日本国・日本国民統合の[象徴]
[法律]の範囲内で権利を認める	国民の権利	永久不可侵の基本的人権を保障
天皇が軍隊を指揮・命令，徴兵制	戦争と軍隊	戦争放棄，戦力不保持と交戦権の否認

一問一答チェック

- □ ❶ 少子高齢社会
- □ ❷ 核家族
- □ ❸ グローバル化
- □ ❹ 情報通信技術（ICT）
- □ ❺ 情報リテラシー
（メディアリテラシー）
- □ ❻ 伝統文化
- □ ❼ 宗教
- □ ❽ 年中行事
- □ ❾ 多数決
- □ ❿ 効率と公正
- □ ⓫ モンテスキュー
- □ ⓬ ルソー
- □ ⓭ 社会権
- □ ⓮ 立憲主義
- □ ⓯ 国民主権
- □ ⓰ 象徴
- □ ⓱ 国事行為
- □ ⓲ 平和主義
- □ ⓳ 非核三原則
- □ ⓴ 集団的自衛権
- □ ㉑ 沖縄県

□ ❶ 総人口にしめる15歳未満の年少人口の割合が低く，65歳以上の［高齢者］の割合が高い社会。

□ ❷ 夫婦と子ども，夫婦のみ，ひとり親と子どもから構成される家族の形態。

□ ❸ 世界が一体化すること。

□ ❹ コンピューターやモバイル端末，通信など，情報社会を支えている技術のこと。

□ ❺ ［情報］を正しく活用する力。

□ ❻ 長い歴史の中で形づくられ，受けつがれてきた［文化］。

□ ❼ 神や仏などの人間の能力をこえた存在を信じること。

□ ❽ 毎年，同じ時期に家族や地域で行われている行事。

□ ❾ 物事を決定するとき，より多くの人が賛成する案を採用する方法。

□ ❿ 対立からよりよい合意に結びつけるために必要な二つの考え方。

□ ⓫ フランスの思想家。『［法の精神］』で，［三権分立］を唱えた人物。

□ ⓬ フランスの思想家。『［社会契約論］』を著し，人民主権を唱えた人物。

□ ⓭ 20世紀になって認められた，ドイツの［ワイマール憲法］で初めて明記された人権。

□ ⓮ ［憲法］によって政治権力を制限するという考え方。

□ ⓯ ［日本国憲法］の三つの基本原理の一つ。政治の最終的な決定権は国民にあるということ。

□ ⓰ 日本国憲法における［天皇］の地位。

□ ⓱ 天皇が行う形式的・儀礼的な行為。

□ ⓲ 日本国憲法の三つの基本原理の一つ。戦争はしないということ。

□ ⓳ 核兵器を「［持たず，作らず，持ちこませず］」という日本の基本方針。

□ ⓴ 同盟関係にある他国が攻撃を受けた場合に，自国を攻撃されていなくても，その国とともに防衛活動に当たる権利。

□ ㉑ 日本にあるアメリカ軍施設の約40％が集中している県。

ファイナルチェック欄：

□ ❶ ＿＿＿＿＿
□ ❷ ＿＿＿＿＿
□ ❸ ＿＿＿＿＿
□ ❹ ＿＿＿＿＿
□ ❺ ＿＿＿＿＿
□ ❻ ＿＿＿＿＿
□ ❼ ＿＿＿＿＿
□ ❽ ＿＿＿＿＿
□ ❾ ＿＿＿＿＿
□ ❿ ＿＿＿＿＿
□ ⓫ ＿＿＿＿＿
□ ⓬ ＿＿＿＿＿
□ ⓭ ＿＿＿＿＿
□ ⓮ ＿＿＿＿＿
□ ⓯ ＿＿＿＿＿
□ ⓰ ＿＿＿＿＿
□ ⓱ ＿＿＿＿＿
□ ⓲ ＿＿＿＿＿
□ ⓳ ＿＿＿＿＿
□ ⓴ ＿＿＿＿＿
□ ㉑ ＿＿＿＿＿

■憲法改正の手続き

国会議員 → 憲法改正案 ← 内閣
↓
発案 →
国会
衆議院：総議員の［$\frac{2}{3}$］以上の賛成が必要
参議院：総議員の［$\frac{2}{3}$］以上の賛成が必要
→［発議］→
国民
［国民投票］（有効投票の過半数の賛成）
→承認→
天皇
天皇が［国民］の名で公布

2 基本的人権・人権保障

図解チェック

■基本的人権

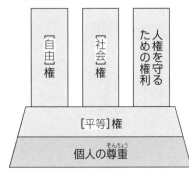

```
[自由]権    [社会]権    人権を守るための権利

[平等]権

個人の尊重（そんちょう）
```

■平等権と自由権

平等権		法の下の平等，両性の本質的平等 →男女共同参画社会基本法など
自由権	精神の自由	思想・良心の自由，信教の自由など
	身体の自由	奴隷的拘束（どれい）・苦役（くえき）からの自由など
	経済活動の自由	居住・移転・職業選択（せんたく）の自由など

■新しい人権

[環境権]（かんきょう）	日照権など良好な環境を求める権利 [環境アセスメント]（環境影響評価）の実施など
[自己決定権]	自分の生き方などについて自由に決定する権利 インフォームド・コンセント 臓器提供意思表示カード
[知る権利]	政治に関わる情報を手に入れることができる権利 国や地方では[情報公開制度]が設けられている
[プライバシーの権利]	個人の私生活に関する情報を公開されない権利 [個人情報保護制度]により個人情報を管理

■主な人権条約

採択年（さいたく）	日本の批准年（ひじゅん）	条約名
1965	1995	[人種差別撤廃]条約
1966	1979	国際人権規約
1979	1985	[女子]差別撤廃（てっぱい）条約
1984	1999	拷問等禁止（ごうもん）条約
1989	1994	[子ども(児童)]の権利条約
1989	未批准	死刑廃止（しけいはいし）条約
2006	2014	障害者権利条約

一問一答チェック

- □ ❶ 基本的人権
- □ ❷ 精神の自由
- □ ❸ 身体の自由
（生命・身体の自由）
- □ ❹ 経済活動の自由
- □ ❺ 平等権
- □ ❻ 社会権
- □ ❼ 生存権
- □ ❽ 教育を受ける権利
- □ ❾ 勤労の権利
- □ ❿ 団結権
- □ ⓫ 団体交渉権
- □ ⓬ 団体行動権
- □ ⓭ 労働基本権(労働三権)
- □ ⓮ 参政権
- □ ⓯ 請願権
- □ ⓰ 裁判を受ける権利
- □ ⓱ 請求権
- □ ⓲ 新しい人権
- □ ⓳ 知る権利
- □ ⓴ 公共の福祉
- □ ㉑ 世界人権宣言
- □ ㉒ 納税の義務

□ ❶ 人間が生まれながらにしてもっている，不可欠の権利。

□ ❷ [自由権]のうち，思想・良心の自由，信教の自由，集会・結社・表現の自由，学問の自由などのこと。

□ ❸ [自由権]のうち，奴隷的拘束・苦役からの自由，法定手続きの保障，拷問・残虐な刑罰の禁止などのこと。

□ ❹ [自由権]のうち，居住・移転の自由，職業選択の自由，財産権の保障などのこと。

□ ❺ 個人の尊重，[法の下の平等]などの権利のこと。

□ ❻ 人間らしい生活を営む権利のこと。

□ ❼ ❻のうち，健康で文化的な最低限度の生活を営む権利。

□ ❽ ❻のうち，だれもが学校へ行き，教育を受けられる権利。

□ ❾ ❻のうち，だれもが仕事について働くことができる権利。

□ ❿ 労働者が団結して労働組合をつくることができる権利。

□ ⓫ 労働組合が賃金などの労働条件の改善を求めて使用者と交渉することができる権利。

□ ⓬ 労働組合が使用者に対する要求を実現するため，[ストライキ]などを行う権利。

□ ⓭ ❿，⓫，⓬の三つの権利の総称。

□ ⓮ [選挙権]や[被選挙権]など，政治に参加する権利。

□ ⓯ ⓮にふくまれる，国や地方公共団体(地方自治体)に対して，要望をする権利。

□ ⓰ 人権を保障するための権利の一つで，裁判所に訴え，公正な裁判によって救済を受けることができる権利。

□ ⓱ ⓰や[国家賠償請求権]，[刑事補償請求権]の総称。

□ ⓲ [環境権]，[プライバシーの権利]，[自己決定権]など憲法に規定されていないが，近年認められるようになった人権。

□ ⓳ ⓲の人権のうち，国・地方公共団体などがもっている情報の公開を求める権利。

□ ⓴ 社会全体の利益のことで，自由や権利の濫用を制限する場合に使われる言葉。

□ ㉑ 1948年に国際連合の総会で採択された，達成すべき人権保障の水準を定めた宣言。

□ ㉒ [勤労の義務]，子どもに[普通教育を受けさせる義務]とならぶ，国民の三大義務の一つ。

5

図解チェック

■選挙の基本原則

普通選挙	一定年齢以上の全ての国民に選挙権
平等選挙	一人一票
直接選挙	直接選出
秘密選挙	投票先を知られないよう無記名で投票

■主な選挙制度

	投票先	得票数	結果
[小選挙区]制	候補者に投票	A候補10票 B候補 6票 C候補 2票	最多得票の1人が当選 A候補 B候補 C候補
[比例代表]制（定数の場合3）	政党に投票	A党20票 B党10票 C党 5票	政党の得票数に応じて当選

■衆議院と参議院

[衆議院]	項目	[参議院]
[465]人 小選挙区289人 比例代表176人	議員定数	[245]人 ※2022年の選挙で248人になる予定。 選挙区147人 比例代表98人
4年	任期	6年（3年ごとに半数を改選）
18歳以上	選挙権	18歳以上
[25]歳以上	被選挙権	[30]歳以上
[あり]	解散	[なし]

■法律ができるまで

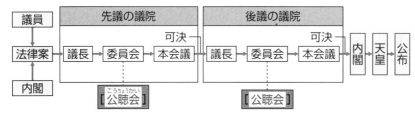

一問一答チェック

- □ ❶ 普通選挙
- □ ❷ 小選挙区制
- □ ❸ 比例代表制
- □ ❹ 小選挙区比例代表並立制
- □ ❺ 一票の格差
- □ ❻ 政党
- □ ❼ 与党
- □ ❽ 野党
- □ ❾ 連立政権（連立内閣）
- □ ❿ 世論
- □ ⓫ 国会
- □ ⓬ 常会（通常国会）
- □ ⓭ 二院制（両院制）
- □ ⓮ 衆議院の優越
- □ ⓯ 両院協議会
- □ ⓰ 公聴会
- □ ⓱ 内閣
- □ ⓲ 国務大臣
- □ ⓳ 議院内閣制
- □ ⓴ 行政改革

□ ❶ 一定年齢以上の全ての国民が，財産や性別にかかわりなく[選挙権]をもつという原則。

□ ❷ 一つの選挙区から1名を選ぶ選挙制度。

□ ❸ 得票数に応じて各政党に議席を割り当てる選挙制度。

□ ❹ ❷と❸を組み合わせた[衆議院]議員の選挙制度。

□ ❺ 各選挙区の議員1人あたりの有権者数の差のこと。

□ ❻ 政治に対する考え方が同じ人々が政策などを実現するために作った団体。

□ ❼ 選挙で多数の議席を得て，政権を担当する❻のこと。

□ ❽ 政権を担当せず，政権への批判や監視を行う❻のこと。

□ ❾ 複数の❻によって運営される政権([内閣])。

□ ❿ 政治や社会に関して，国民の多数がもっている意見。

□ ⓫ [国権の最高機関]で，国の[唯一の立法機関]である国の機関。

□ ⓬ 毎年1月に召集される⓫のこと。

□ ⓭ 審議を慎重に行うため，⓫に[衆議院]と[参議院]の二つの議会が置かれている仕組み。

□ ⓮ 衆議院のほうが参議院よりも強い権限があること。

□ ⓯ 衆議院と参議院の議決が一致しないときに開かれる会議。

□ ⓰ ⓫の委員会で，議題について，専門家を招いて意見を聞く会。

□ ⓱ ⓫で決めた法律や予算に従って実際の仕事である[行政]を行う国の機関。

□ ⓲ ⓱で，[内閣総理大臣]以外の大臣の総称。

□ ⓳ ⓱が⓫の信任によって成立し，国の政治について連帯して責任を負う仕組み。

□ ⓴ 行政の組織や業務の無駄を省いて効率化し，行政の簡素化を目指す改革。

□ ❶ ＿＿＿＿＿＿
□ ❷ ＿＿＿＿＿＿
□ ❸ ＿＿＿＿＿＿
□ ❹ ＿＿＿＿＿＿
□ ❺ ＿＿＿＿＿＿
□ ❻ ＿＿＿＿＿＿
□ ❼ ＿＿＿＿＿＿
□ ❽ ＿＿＿＿＿＿
□ ❾ ＿＿＿＿＿＿
□ ❿ ＿＿＿＿＿＿
□ ⓫ ＿＿＿＿＿＿
□ ⓬ ＿＿＿＿＿＿
□ ⓭ ＿＿＿＿＿＿
□ ⓮ ＿＿＿＿＿＿
□ ⓯ ＿＿＿＿＿＿
□ ⓰ ＿＿＿＿＿＿
□ ⓱ ＿＿＿＿＿＿
□ ⓲ ＿＿＿＿＿＿
□ ⓳ ＿＿＿＿＿＿
□ ⓴ ＿＿＿＿＿＿

■議院内閣制の仕組み

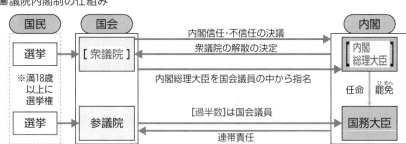

7

図解チェック

■ [三権分立]

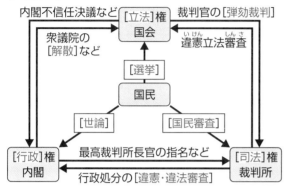

内閣不信任決議など　　裁判官の [弾劾裁判]

衆議院の [解散] など　　違憲立法審査

[立法] 権
国会

[選挙]

国民

[世論]　　[国民審査]

[行政] 権
内閣　　最高裁判所長官の指名など　　[司法] 権
裁判所

行政処分の [違憲・違法審査]

■ [選挙権] と被選挙権

		選挙権	被選挙権
国	衆議院議員	[18]歳以上	[25]歳以上
	参議院議員		[30]歳以上
地方公共団体	市(区)町村長		[25]歳以上
	市(区)町村議会議員		[25]歳以上
	都道府県知事		[30]歳以上
	都道府県議会議員		[25]歳以上

■ [直接請求権]

内容	必要な署名	請求先
条例の制定・改廃	有権者の [1/50]以上	[首長]
事務の監査		監査委員
議会の解散	有権者の [1/3]以上	[選挙管理委員会]
議員・首長の解職		
主要な職員の解職		首長

一問一答チェック

- ☐ ❶ 裁判所
- ☐ ❷ 三審制
- ☐ ❸ 控訴
- ☐ ❹ 上告
- ☐ ❺ 司法権の独立
- ☐ ❻ 民事裁判
- ☐ ❼ 刑事裁判
- ☐ ❽ 裁判員制度
- ☐ ❾ 国民審査権
- ☐ ❿ 違憲審査権
  （違憲立法審査権, 法令審査権）
- ☐ ⓫ 地方自治
- ☐ ⓬ 地方分権
- ☐ ⓭ 地方議会
- ☐ ⓮ 条例
- ☐ ⓯ 首長
- ☐ ⓰ 直接請求権
- ☐ ⓱ 住民投票
- ☐ ⓲ 地方債
- ☐ ⓳ 地方交付税交付金
  （地方交付税）
- ☐ ⓴ 国庫支出金
- ☐ ㉑ NPO（非営利組織）

□ ❶ 法に基づいて争いごとを解決する権限である[司法権]をもつ国の機関。

□ ❷ 一つの事件で，3回まで裁判を受けられる制度。

□ ❸ 第一審の判決に不服がある場合，第二審を求めること。

□ ❹ 第二審の判決に不服がある場合，第三審を求めること。

□ ❺ 裁判官は憲法・法律と自らの良心にのみ従って裁判を行うという原則。

□ ❻ 私人間の争いごとを解決するために行われる裁判。訴えた人が[原告]，訴えられた人が[被告]と呼ばれる。

□ ❼ 犯罪行為があったかどうかを判断し，有罪の場合には刑罰を決める裁判。[検察官]が起訴し，訴えられた人が[被告人]。

□ ❽ 重大な❼において，国民の中から選ばれた[裁判員]が裁判官とともに審理し，有罪か無罪かを判断する制度。

□ ❾ [最高裁判所]の裁判官に対して，国民が直接投票することで審査を行う権利。

□ ❿ 国会や内閣の定めた法律などが憲法に違反していないかどうかを審査する権限。最高裁判所は「[憲法の番人]」。

□ ⓫ 地域の問題を，地域住民自らの手で解決し，地域住民の意思に基づいて地域を運営していくこと。

□ ⓬ 国が地域の問題にあまりかかわらず，仕事や財源を国から地方公共団体へ移すこと。

□ ⓭ 都道府県議会や市(区)町村議会の総称。

□ ⓮ ⓭が法律の範囲内で定める，その[地方公共団体]だけに適用されるきまりのこと。

□ ⓯ 地方公共団体の長の総称。都道府県知事。市(区)町村長。

□ ⓰ 一定の署名数があれば，⓮の制定・改廃，⓭の解散，⓯や⓭の議員の解職([リコール])を求めることができる権利。

□ ⓱ 地域の重要な課題について，住民の意見を問うために行われる投票。

□ ⓲ 地方公共団体の依存財源のうち，地方公共団体が発行する[公債]で，地方公共団体の借金に当たるもの。

□ ⓳ 地方公共団体の依存財源のうち，地方公共団体間の財政格差をなくすため，国が使い方を定めずに配分する財源。

□ ⓴ 地方公共団体の依存財源のうち，使い方を指定して，国が地方公共団体に支出する財源。

□ ㉑ 社会への貢献活動を，利益の追求を目的とせず行う民間団体。

図解チェック

■[株式会社]の仕組み

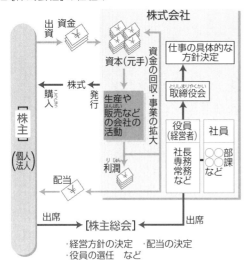

■需要・供給・価格の関係

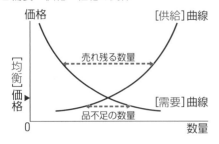

■[景気]変動

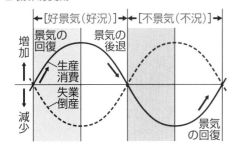

■景気変動

円の価値が高くなる

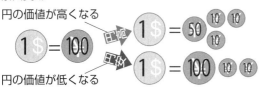

円の価値が低くなる

一問一答チェック

- □ ❶ 家計
- □ ❷ 消費支出
- □ ❸ 貯蓄
- □ ❹ 製造物責任法（PL法）
- □ ❺ クーリング・オフ
  （クーリングオフ制度）
- □ ❻ 消費者基本法
- □ ❼ 消費者庁
- □ ❽ 流通
- □ ❾ 卸売業
- □ ❿ 企業
- □ ⓫ 株式会社
- □ ⓬ 労働基準法
- □ ⓭ 需要（量）
- □ ⓮ 供給（量）
- □ ⓯ 均衡価格
- □ ⓰ 市場価格
- □ ⓱ 独占
- □ ⓲ 独占禁止法
- □ ⓳ 公正取引委員会
- □ ⓴ 公共料金
- □ ㉑ 直接金融
- □ ㉒ クレジットカード
- □ ㉓ 発券銀行
- □ ㉔ インフレーション
- □ ㉕ 為替相場（為替ルート）

□ ❶ 一つの家庭の収入と支出を合わせたもの。消費生活を営む単位。

□ ❷ ❶のうち，生活に必要な[財]・[サービス]への支出。

□ ❸ ❶の収入(所得)から税金などや，❷を差し引いた残りのこと。将来に備えて蓄えておくこと。

□ ❹ 欠陥がある商品によって消費者が被害を受けた場合，製造した企業に賠償責任を負わせる法律。

□ ❺ 訪問販売で契約した場合，一定の期間内であれば，無条件に契約を取り消すことを業者に要求できる制度。

□ ❻ 消費者の権利を守るために，国や地方公共団体，企業の責任を定めた法律。

□ ❼ 2009年に，消費者保護政策に取り組むために設置された省庁。

□ ❽ 商品が生産者から消費者に届くまでの流れのこと。

□ ❾ 生産者から商品を買い，小売店に売る業種。

□ ❿ 利益を得ることを目的として，商品を製造したり販売したりしている組織や個人のこと。

□ ⓫ [株式]を発行して資金を集め，株式を買った[株主]に利潤の一部を[配当]として配る企業。

□ ⓬ 労働三法の一つで，労働条件の基準を定めた法律。

□ ⓭ 消費者が買おうとする量のこと。

□ ⓮ 生産者が売ろうとする量のこと。

□ ⓯ ⓭と⓮がつり合って決まる価格のこと。

□ ⓰ [市場]で売買されている価格のこと。

□ ⓱ 物やサービスの供給が一つの企業に集中し，競争がない状態のこと。

□ ⓲ 消費者の利益を守るため，⓱の状態を解消し，競争をうながすことを目的とした法律。

□ ⓳ ⓲の法律を実際に運用する機関のこと。

□ ⓴ 水道・電気・ガスの料金などのように，国や地方公共団体が決定したり，認可したりする価格のこと。

□ ㉑ [金融]のうち，出資者から直接資金を借りること。

□ ㉒ カード会社が利用者に代わって一時的に代金を店に支払い，後日利用者の銀行口座から引き落とされるカード。

□ ㉓ [日本銀行]の役割のうち，紙幣を発行する役割。

□ ㉔ [物価]が上昇し続ける現象。

□ ㉕ 通貨と通貨を交換する比率。

図解チェック

■税金の種類

		[直接]税	[間接]税
[国]税		[所得]税 法人税 相続税	[消費]税 揮発油税 酒税　関税
[地方]税	(都)道府県税	(都)道府県民税 事業税 自動車税	(都)道府県たばこ税 ゴルフ場利用税 地方消費税
	市(区)町村税	市(区)町村民税 固定資産税	市(区)町村たばこ税

■日本の社会保障制度

種類	仕事の内容
[社会保険]	医療保険　介護保険　年金保険 雇用保険　労災保険
[公的扶助]	生活保護
[社会福祉]	高齢者福祉　児童福祉 障がい者福祉　母子・父子・寡婦福祉
[公衆衛生]	感染症対策　上下水道整備 廃棄物処理　公害対策など

■労働者を守る法律

[労働基準]法	労働条件の最低基準を定めた法律
[労働組合]法	労働三権を具体的に保障した法律
[労働関係調整]法	労働者と使用者の対立を調整し、 両者の関係を正常にするための法律

■四大公害

[新潟水俣病]
[イタイイタイ病]
[四日市ぜんそく]
[水俣病]

一問一答チェック

- □ ❶ 財政
- □ ❷ 歳入
- □ ❸ 歳出
- □ ❹ 国債

- □ ❺ 間接税

- □ ❻ 国税
- □ ❼ 地方税
- □ ❽ 累進課税

- □ ❾ 社会資本
- □ ❿ 財政政策
- □ ⓫ 社会保障

- □ ⓬ 社会保険

- □ ⓭ 公的扶助

- □ ⓮ 社会福祉

- □ ⓯ 公衆衛生

- □ ⓰ 介護保険

- □ ⓱ イタイイタイ病
- □ ⓲ 環境省

- □ ⓳ 環境基本法

- □ ⓴ 国内総生産（GDP）

□ ❶ 政府が行う経済活動のこと。

□ ❷ 政府の1年間の収入のこと。

□ ❸ 政府の1年間の支出のこと。

□ ❹ 政府が❷の不足を補うために発行する債券_{さいけん}のこと。地方公共団体が発行するものを[地方債]という。

□ ❺ [消費税]のように, 税金を納める人と, 実際に負担する人が違う税のこと。

□ ❻ 国に納める税のこと。

□ ❼ 地方公共団体へ納める税のこと。

□ ❽ 税の公平性を確保するため, 所得の多い人ほど税率が高くなる仕組み。

□ ❾ 政府が経済活動で提供する, 道路・公園・水道などのこと。

□ ❿ ❷や❸を通じて景気の安定を図る政府の役割。

□ ⓫ 憲法25条に定められている[生存権](健康で文化的な最低限度の生活を営む権利)を保障するための仕組み。

□ ⓬ ⓫の一つで, 加入者が前もってかけ金を積み立てておき, 病気や失業など必要なときに給付を受ける仕組み。

□ ⓭ ⓫の一つで, 生活に困っている人に, 生活費や教育費を支給する仕組み。[生活保護]ともいう。

□ ⓮ ⓫の一つで, 児童・高齢者・障がいのある人など, 社会的弱者を支援_{しえん}するための仕組み。

□ ⓯ ⓫の一つで, 人々が健康な生活を送れるよう, 環境衛生_{かんきょう}の改善や感染症の予防などを行うこと。

□ ⓰ ⓬の一つで, 40歳以上の人が加入し, 介護が必要となったときにサービスが受けられる仕組み。

□ ⓱ 富山県_{とやま}の神通川_{じんづうがわ}流域で, 水質汚濁_{おだく}が原因で発生した公害病。

□ ⓲ 公害病や自然環境_{かんきょう}の保護を専門にあつかう, 2001年に設置された省庁。

□ ⓳ 公害問題に取り組むために制定された公害対策基本法を発展させ, 1993年に制定された法律。

□ ⓴ 国内で一定期間に生産された, 財やサービスの付加価値の合計。

図解チェック

■日本の領域と領土問題

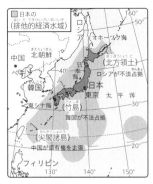

■日本の北端・東端・南端・西端

北端 [択捉島]	東端 南鳥島
南端 沖ノ鳥島	西端 与那国島

■領域の模式図

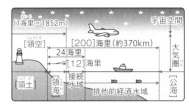

■[国際連合]の主な仕組み

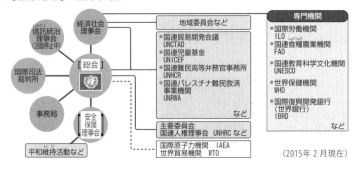

（2015年2月現在）

■世界の主な地域統合 （2020年7月現在）

[ヨーロッパ連合](EU)	1993年発足，共通通貨[ユーロ]を一部の加盟国で導入
[東南アジア諸国連合]（ASEAN）	1967年発足，東南アジア10か国が加盟
アジア太平洋経済協力会議（APEC）	1989年発足，アジア太平洋地域の21の国と地域が加盟

一問一答チェック

- □ ❶ 主権国家
- □ ❷ 排他的経済水域（経済水域）
- □ ❸ 日章旗（日の丸）
- □ ❹ 国際法
- □ ❺ 総会
- □ ❻ 安全保障理事会
- □ ❼ 拒否権
- □ ❽ 国連児童基金(ユニセフ)
- □ ❾ 平和維持活動(PKO)
- □ ❿ ヨーロッパ連合(EU)
- □ ⓫ 東南アジア諸国連合(ASEAN)
- □ ⓬ 南北問題
- □ ⓭ 南南問題
- □ ⓮ 地球環境問題
- □ ⓯ 地球温暖化
- □ ⓰ 化石燃料
- □ ⓱ 再生可能エネルギー
- □ ⓲ 地域紛争
- □ ⓳ 政府開発援助（ODA）
- □ ⓴ 核拡散防止条約（核兵器不拡散条約(NPT)）

□ ❶ [領域](領土・領海・領空)，[国民]，[主権]をもつ国のこと。

□ ❷ 沿岸国がその資源を利用することができる，海岸線から領海をのぞく[200海里]以内の海域のこと。

□ ❸ 法律で定められた日本の[国旗]。(日本の国歌は「[君が代]」)

□ ❹ 条約や国際慣習法など，国際社会のルールのこと。

□ ❺ 全加盟国によって構成される国際連合の最高機関。

□ ❻ 15の理事国で構成されている，世界の平和と安全の維持に最も重要な役割を果たす国連機関。

□ ❼ ❻の[常任理事国](米・英・仏・露・中)がもつ，1か国でも反対すると決議できないという権限のこと。

□ ❽ 国連の機関の一つで，世界の子どもたちの命と健康と教育を守るための活動を行う機関。

□ ❾ 国連が戦争や内戦で苦しむ地域で行う，停戦や選挙の監視などの活動。

□ ❿ ヨーロッパの地域統合を目指す組織。[ユーロ]を導入。

□ ⓫ 東南アジア10か国から構成される，政治・経済・安全保障などの分野で協力を進める組織。

□ ⓬ 北半球に多い[先進国]と，南半球に多い[発展途上国]との経済格差問題のこと。

□ ⓭ 経済発展が著しい[NIES]などの国々とその他の発展途上国との間で見られる経済格差問題のこと。

□ ⓮ 地球規模で起こっている，オゾン層の破壊・酸性雨・砂漠化などの総称。

□ ⓯ ⓮のうち，二酸化炭素などの[温室効果ガス]が原因で起こっている，地球全体の気温が上昇している現象。

□ ⓰ 世界で最も多く消費されている，原油(石油)・石炭・天然ガスなどのエネルギー資源の総称。

□ ⓱ 太陽光・風力・地熱・バイオマスなどの枯渇する心配がないエネルギー資源の総称。

□ ⓲ 国家間での戦争ではなく，民族や宗教上の対立から起こる争いのこと。[難民]の発生。

□ ⓳ [先進国]が[発展途上国]に行う資金援助や技術協力のこと。

□ ⓴ 1968年に採択された，核兵器を保有していない国が，新たに核兵器を持つことを禁止する条約。

□ ❶	
□ ❷	
□ ❸	
□ ❹	
□ ❺	
□ ❻	
□ ❼	
□ ❽	
□ ❾	
□ ❿	
□ ⓫	
□ ⓬	
□ ⓭	
□ ⓮	
□ ⓯	
□ ⓰	
□ ⓱	
□ ⓲	
□ ⓳	
□ ⓴	

学習日	ページ	
/		
/		
/		
/		
/		
/		
/		
/		
/		
/		
/		
/		
/		
/		
/		
学習日	ページ	
/		
/		
/		
/		
/		
/		
/		
/		
/		

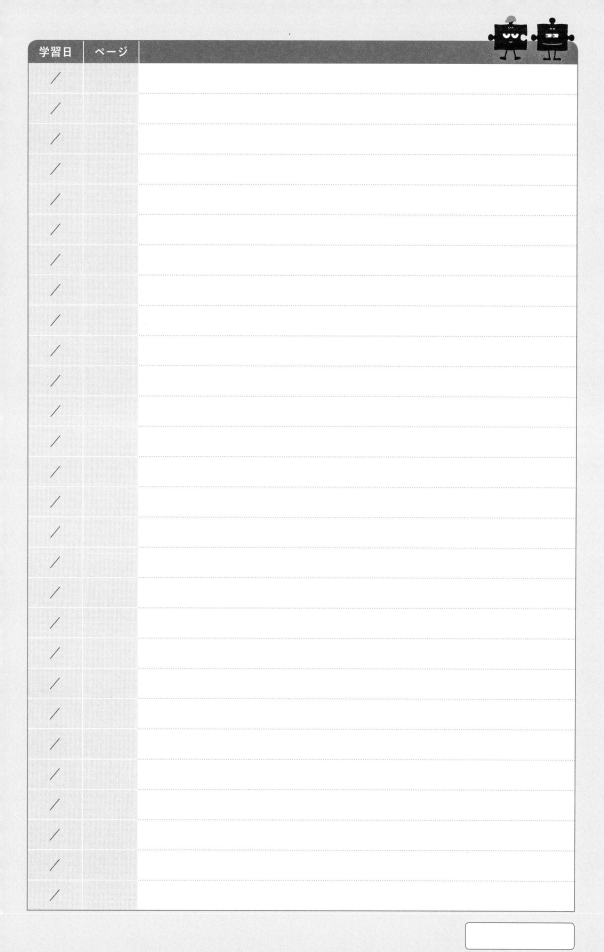

学習日	ページ
/	
/	
/	
/	
/	
/	
/	
/	
/	
/	
/	
/	
/	
/	
/	
/	
/	
/	
/	
/	
/	
/	
/	
/	
/	
/	
/	

学習日	ページ
/	
/	
/	
/	
/	
/	
/	
/	
/	
/	
/	
/	
/	
/	
/	
/	

学習日	ページ
/	
/	
/	
/	
/	
/	
/	
/	
/	

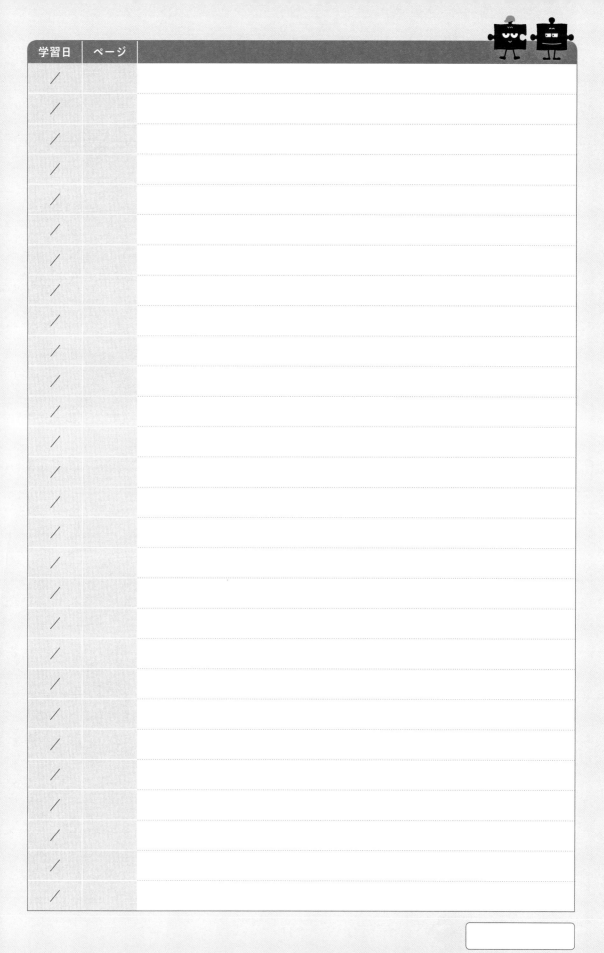

学習日	ページ	
/		
/		
/		
/		
/		
/		
/		
/		
/		
/		
/		
/		
/		
/		
/		
学習日	ページ	
/		
/		
/		
/		
/		
/		
/		
/		

学習日	ページ	
/		
/		
/		
/		
/		
/		
/		
/		
/		
/		
/		
/		
/		
/		
/		
/		
/		
/		
/		
/		
/		
/		
/		
/		
/		
/		

学習日	ページ	
/		
/		
/		
/		
/		
/		
/		
/		
/		
/		
/		
/		
/		
/		
/		
/		
/		
/		
/		
/		
/		
/		
/		

学習日	ページ	
/		
/		
/		
/		
/		
/		
/		
/		
/		
/		
/		
/		
/		
/		
/		
/		
/		
/		
/		
/		
/		
/		
/		
/		
/		
/		
/		

学習日	ページ
/	
/	
/	
/	
/	
/	
/	
/	
/	
/	
/	
/	
/	
/	
/	
/	
/	
/	
/	
/	
/	
/	
/	
/	

学習日	ページ	
/		
/		
/		
/		
/		
/		
/		
/		
/		
/		
/		
/		
/		
/		
/		
学習日	ページ	
/		
/		
/		
/		
/		
/		
/		
/		

学習日	ページ	
/		
/		
/		
/		
/		
/		
/		
/		
/		
/		
/		
/		
/		
/		
/		
/		
学習日	ページ	
/		
/		
/		
/		
/		
/		
/		
/		

学習日	ページ	
/		
/		
/		
/		
/		
/		
/		
/		
/		
/		
/		
/		
/		
/		
学習日	ページ	
/		
/		
/		
/		
/		
/		
/		
/		
/		

学習日	ページ
/	
/	
/	
/	
/	
/	
/	
/	
/	
/	
/	
/	
/	
/	
/	
/	
/	
/	
/	
/	
/	
/	
/	
/	
/	

学習日	ページ	
/		
/		
/		
/		
/		
/		
/		
/		
/		
/		
/		
/		
/		
/		
学習日	ページ	
/		
/		
/		
/		
/		
/		
/		
/		
/		

学習日	ページ	
/		
/		
/		
/		
/		
/		
/		
/		
/		
/		
/		
/		
/		
/		
/		
/		
/		
/		
/		
/		
/		
/		
/		
/		
/		

学習日	ページ	
/		
/		
/		
/		
/		
/		
/		
/		
/		
/		
/		
/		
/		
/		
/		
/		
学習日		
/		
/		
/		
/		
/		
/		
/		
/		
/		

学習日	ページ	
/		
/		
/		
/		
/		
/		
/		
/		
/		
/		
/		
/		
/		
/		
/		
/		
/		
/		
/		
/		
/		
/		
/		
/		
/		

学習日	ページ	
/		
/		
/		
/		
/		
/		
/		
/		
/		
/		
/		
/		
/		
/		
/		
/		
/		
/		
/		
/		
/		
/		
/		
/		

学習日	ページ
/	
/	
/	
/	
/	
/	
/	
/	
/	
/	
/	
/	
/	
/	
/	
/	
/	
/	
/	
/	
/	
/	
/	
/	

目次

▌ 成績アップのための学習メソッド ▸ 2～5

▌ 学習内容

			教科書のページ	本書のページ ぴたトレ1	本書のページ ぴたトレ2	本書のページ ぴたトレ3
第1部 現代社会	第1章	現代社会と文化	1～12	6～11		16～17
	第2章	現代社会をとらえる枠組み	18～22	12～15		16～17
第2部 政治	第1章	日本国憲法	29～48	18～25	26～27	
			51～62	28～33	34～35	
	第2章	民主政治	67～90	36～45	46～47	
			93～100	48～53	54～55	
第3部 経済	第1章	市場経済	109～122	56～61	62～63	
			127～152	64～73	74～75	
	第2章	財政	157～168	76～81	82～83	
第4部 国際	第1章	国際社会	173～196	84～93	94～95	
	第2章	課題の探究	203～208	96	―	―

※原則，ぴたトレ1は偶数，ぴたトレ2は奇数ページになります。

▌ 定期テスト予想問題 ▸ 97～112

▌ 解答集 ▸ 別冊

[写真提供] ※一部画像はトリミングして掲載しています。

AFP／Alamy／Featurechina／PIXTA／朝日新聞社／アフロ／片岡巖／国連広報センター／時事／時事通信フォト／スタジオサラ／公益社団法人 日本臓器移植ネットワーク／読売新聞

成績アップのための **学習メソッド**

start!

この問題集をどう使う?　　A 予習+復習　　B 復習

\ ファイト! /

A

↓B

A

時間をどれだけかけられるかな?

A じっくり時間をかけて,しっかり学習したい

B 部活動などで忙しいので,効率的に学習したい

C

C テスト直前で時間がない

↓B

A

これから取り組む学習について,自信がある?

A 自信がない

B

B なんとなくある

C 自信がある

\ ガンバレ! /

C

予習

教科書を じっくり読む	→	**ぴたトレ1** 問題を解く	→

| | **ぴたトレ2**
問題を解く | → | 授業をしっかり
聞いて言葉の
意味を理解する |

わからない時は…学校の先生に聞いたり,教科書を読みながらぴたトレ1・2を解いたりしよう!

復 習

目安の時間には,丸付けや見直しの時間も含まれているよ。
テストの前には,定期テスト予想問題にも取り組もう。

じっくりコース

教科書 **ぴたトレ1**
・ぴたトレ1 に対応する教科書のページを読む
・問題を解く(1回目)

→ **ぴたトレ2**
問題を解く(1回目)
↳ 解けないときは ヒント を見る, ぴたトレ1 に戻る,間違えた問題にチェックをつける

→ **ぴたトレ1**
問題を解く(2回目)
↳ 間違えた問題にチェックをつける
↓

くり返し問題を解くときは別冊note bookを使おう!

反復練習
ぴたトレ1 ぴたトレ2 の間違えた問題だけをくり返し解く
←

ぴたトレ3 45分
テストを解く
↳ 解けないときは ぴたトレ1 ぴたトレ2 に戻る
←

ぴたトレ2
問題を解く(2回目)
↳ 解けないときは ヒント を見る ぴたトレ1 に戻る

時短Aコース

ぴたトレ1 30分
問題を2回解く
→
ぴたトレ2 30分
問題を2回解く
→
ぴたトレ3 45分
テストを解く

時短Bコース

ぴたトレ1 20分
・問題を解く
・間違えた問題だけをもう一度解く
→
ぴたトレ2 20分
問題を解く
→
ぴたトレ3 45分
テストを解く

時短Cコース

ぴたトレ1
省略
→
ぴたトレ2 15分
書きトレ! を解く
→
ぴたトレ3 45分
テストを解く

テスト直前コース

＼めざせ,点数アップ!／

5日前 **ぴたトレ1**
・解答集を見ながら問題の答えを赤ペンで書く
・赤シートで隠して文を読む
→
3日前 **ぴたトレ2**
問題を解く
→
1日前 **定期テスト予想問題**
テストを解く
→
当日 **別冊note book**
赤シートを使って重要語句を最終確認する

日常学習

コースがきまったら,4〜5ページを見てみよう ➡

3

成績アップのための 学習メソッド

《 ぴたトレの構成と使い方 》

教科書ぴったりトレーニングは,おもに,「ぴたトレ1」,「ぴたトレ2」,「ぴたトレ3」で構成されています。それぞれの使い方を理解し,効率的に学習に取り組みましょう。

なお,「ぴたトレ3」「定期テスト予想問題」では学校での成績アップに直接結びつくよう,通知表における観点別の評価に対応した問題を取り上げています。

学校の通知表は以下の観点別の評価がもとになっています。

＼一緒にがんばろう！／

| 知識
技能 | 思考力
判断力
表現力 | 主体的に
学習に
取り組む態度 |

教科書を読みましょう。
（予習・じっくりコース推奨）

学習メソッド

・教科書をじっくり読んで,これから勉強する内容の流れを,おおまかに頭に入れてみよう。
・太字は出題されやすいから,しっかり読んで覚えよう。

別冊notebookも使ってくり返し問題を解く習慣を身に付けよう！

ぴたトレ1
要点チェック

基本的な問題を解くことで,基礎学力が定着します。

要点整理

穴埋め式の問題です。
教科書の重要語句を
確認しましょう。

学習メソッド

ぴたトレ1では,教科書の内容を整理しながら,重要語句の確認ができるよ。

時間があるときは,教科書を読んでから取り組むと理解度がアップするよ。

わからない問題や,間違えた問題はチェックして,もう一度解くようにしよう。

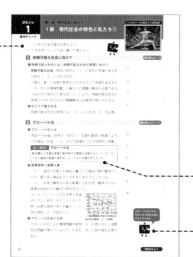

学習メソッド

解答欄は,自分のコースにあう使い方をしてみてね。

• 問題を解いて答えを書き込む。
• 解答集を見ながら赤ペンで書き込む。
　→赤シートで解答欄を隠しながら,文を読んでみよう。
• 解答はノートに書き込む。
　→くり返し問題を解くことができるよ。

詳しく解説！

おさえておきたい重要語句の解説です。

リー子のひとこと

ポイントや注意事項を紹介しています。

理解力・応用力をつける問題です。

ぴたトレ2は,ぴたトレ1と対応した
範囲の問題になっているよ。

記述問題に挑戦してみましょう。
資料の読み取りが必要な問題もあり,
思考力を鍛えることができます。

ヒント

問題を解く手がかりです。

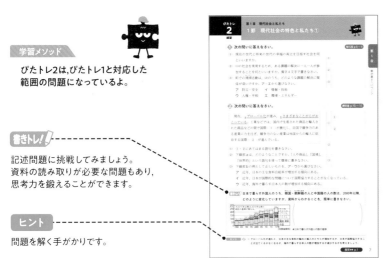

学習メソッド

解答欄は,自分のコースにあう
使い方をしてみてね。
- 問題を解いて答えを書き込む。
- 解答はノートに書き込む。
 →くり返し問題を解くことが
  できるよ。

わからないときは,下の「ヒント」
を見よう。「ぴたトレ1」に戻って
確認するのもOK。

わからない問題や,間違えた問
題はチェックして,もう一度解く
ようにしよう。

ぴたトレ3
確認テスト

どの程度学力がついたかを自己診断するテストです。

成績評価の観点

技 思

問題ごとに「技能」「思考力・
判断力・表現力」の評価の観点
が示してあります。
※観点の表示がないものは「知識」です。

作図

作業を伴う問題に表示します。

点UP

テストで高得点を
狙える,やや難しい
問題です。

よく出る

テストで問われることが
多い問題です。

記述

文章で答える
問題です。

学習メソッド

テスト本番のつもりで
何も見ずに解こう。
- わからない語句があった→ぴたトレ1に戻ろう。
- わからない問題があった→ぴたトレ2の問題を解いてみよう。

学習メソッド

答え合わせが終わったら,
苦手な問題がないか確認しよう。

定期テスト
予想問題

- 定期テストに出そうな問題を学習順に掲載しています。
- 各問題には教科書の対応ページを示しています。
- 解答集の「出題傾向」で,傾向と対策を確認しましょう。

学習メソッド

ぴたトレ3と同じように,テスト本番のつも
りで解こう。テスト前に,学習内容を本当
に理解できているかどうかを確認しよう。

1節　現代社会の特色①

インターネット利用人口と
サイバー犯罪検挙件数

（　）にあてはまる語句を答えよう。

ノートを活用して，くり返し書いて覚えよう。

40年前と今の社会を比較してみよう

教科書 p.1 ～ 2

◉ 現代社会と私たちの生活

・現代社会の変化…（　①　）の割合が増える一方，子どもの数が
減っている。情報を入手する手段が増えている。外国との結
び付きが深まっている。

①

① 情報化が進む現代

教科書 p.3 ～ 4

◉ 情報化とは

・**情報社会**…（　②　）**技術（ICT）**の進歩やネットワークの発達に
より，情報が考えや行動に大きな影響を与える社会。

②

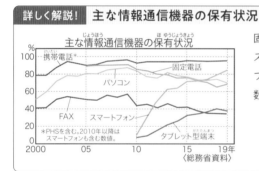

詳しく解説！　主な情報通信機器の保有状況

主な情報通信機器の保有状況

固定電話が減る一方，
スマートフォン，タ
ブレット型端末の台
数が増えている。

③

④

⑤

・（　③　）…インターネット上で情報を発信したり，受信したり
する媒体のこと。（　④　）（Social Networking Service）な
どがある。

⑥

◉ 情報社会で生きるために

・**情報化**の問題点…（　③　）への書き込みで個人が特定される，
企業の管理している（　⑤　）がインターネット上に流出する，
情報システム障害で社会が混乱するなど。
→インターネット上の犯罪である（　⑥　）犯罪が増加傾向。

⑦

⑧

⑨

・（　⑦　）**（AI）**…まるで人が情報や知識を基に考えているかの
ような機能を持つもの。防災や（　⑧　）にも活用。（　⑨　）デー
タを基に台風や大雨の被害を予測。

・**情報**（　⑩　）…必要な情報を選択し，どのように扱うか考えて
活用する能力。
→情報をめぐるトラブルにあわないための能力が求められる。

⑩

情報化によって便利に
なったけれど，注意す
べきことも多いね。

6

ぴたトレ 2 練習

1節　現代社会の特色①

1 下の2つの絵を見て，次の問いに答えなさい。

教科書 p.1 〜 2

▲40年前のまち

▲現在のまち

(1)　(2)

(1) 40年前のまちに比べて，現在のまちは何が変わりましたか。次の**ア・イ**から選びなさい。

　　ア　子どもが増えた。　　　　**イ**　高齢者（こうれいしゃ）が増えた。

(2) 40年前にはなく，現在にはあると考えられる通信手段を1つ書きなさい。

2 次の問いに答えなさい。

教科書 p.3 〜 4

(1) 情報通信技術をアルファベット3文字で何といいますか。

(2) まるで人が情報や知識を基に考えているかのような機能を持つものを漢字4文字で何といいますか。

(3) (2)などを使い，災害の被害を減らす取り組みを何といいますか。

(1)　(2)　(3)

書きトレ！ 情報化の進展（しんてん）による悪い影響と，情報を利用する際に求められることを，次の語句を使って簡単に書きなさい。[　個人情報　　情報リテラシー　]

（　　　　　　　　　　　　　　　　　　　　　　　　　　　　　　　　　　　　　　）

ヒント　1 (1)図の中の人の数や様子に注目してみましょう。

　　　　　2 (1)Information and Communication Technology の略語です。

1節 現代社会の特色②

複数言語で表記された病院の案内

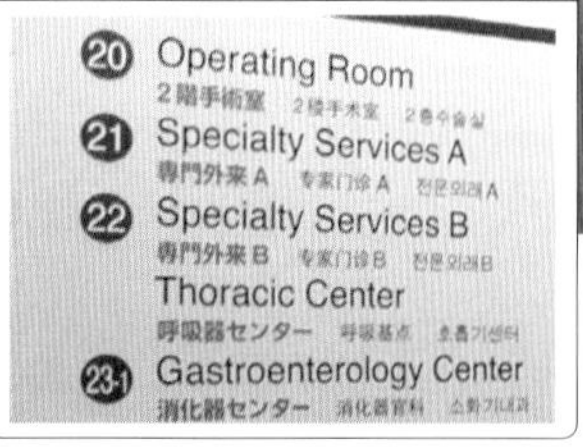

(　　)にあてはまる語句を答えよう。
ノートを活用して，くり返し書いて覚えよう。

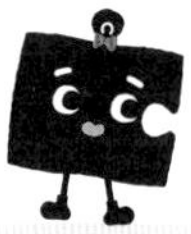

2 グローバル化が進む現代

教科書 p.5 ～ 6

グローバル化とは

・**グローバル化**…世界の多くの地域や人々が結び付き，互いに影響を与え，地球全体が(①)を強める動きのこと。

国境を越える人や活動／国際協調と多文化共生

・経済面では，さまざまな国で生産した部品を一か所に集め，最終的な組み立てをする**国際分業**が行われる一方で，世界中の企業が(②)をくりひろげている。
・自然災害や戦争などの問題を解決するため，国際機関や非政府組織((③))が活躍。
・(④)…環境問題などに対応するため，各国が協力する。
・(⑤)…互いの文化や価値観を尊重して，共に生きる。

①
②
③
④
⑤

3 少子高齢化が進む現代

教科書 p.7 ～ 8

少子高齢社会とは

・少子高齢社会…(⑥)歳未満の年少人口の割合が低く，(⑦)歳以上の老年人口の割合が高い社会。
→少子化の原因…(⑧)の上昇，晩婚化，育児の負担が重いことなど。

詳しく解説! **日本の人口構造の変化**

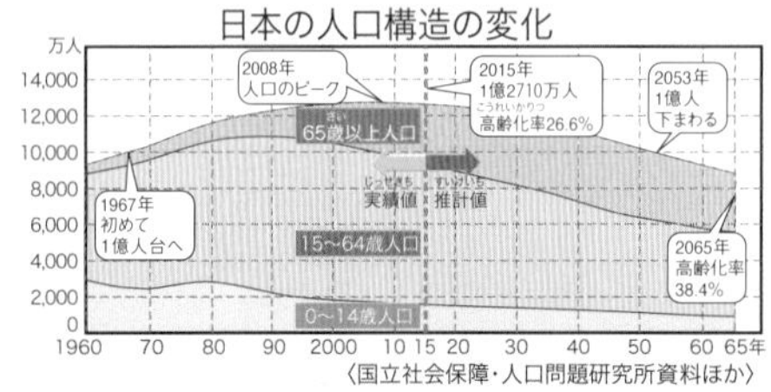

〈国立社会保障・人口問題研究所資料ほか〉

日本の総人口は，2008年をピークに減ってきていて，高齢化率は年々上昇している。

⑥
⑦
⑧
⑨
⑩

少子高齢化と家族・社会の変化／活力ある社会を維持するために

・(⑨)…夫婦のみ，夫婦と未婚の子ども，または父(母)のみと未婚の子どもから成る家族のこと。
・障がいのある人を含むすべての人が自由に移動や施設の利用をできるよう，(⑩)**化**が進められている。
・今後の課題…**人口減少**や少子高齢化が進むことを前提に，定年年齢の引き上げや人工知能（ＡＩ）の活用などが必要。

少子高齢化に対して，グローバル化の強みを生かして，外国人労働者の受け入れ拡大も検討されているよ。

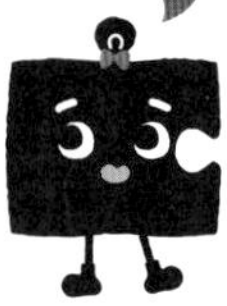

解答▶▶ p.1

❶ **下の文章を読んで，次の問いに答えなさい。**　　　教科書 p.5 〜 6

> 運輸や情報通信技術の発展により，大量のヒト，モノ，カネ，（　A　）が国境を越えて活発に移動している。このように，地球上の多くの地域と人々が結び付き，互いに影響し，依存を強めている動きを（　B　）という。

(1)　AとBにあてはまる語句を答えなさい。

(2)　国境を越えた課題を解決するために，各国が協力して取り組むことを何といいますか。

(3)　(2)の例として正しいものを，次のア〜ウから選びなさい。
　　ア　自国の企業を優先して保護する。
　　イ　他の国に技術が流出したときの罰則を設ける。
　　ウ　地球温暖化をくい止めるために，各国で目標を設定する。

(1)	A
	B
(2)	
(3)	

❷ **右のグラフを見て，次の問いに答えなさい。**　　　教科書 p.7 〜 8

(1)　AとBにあてはまる語句を次のア〜エからそれぞれ選びなさい。
　　ア　核家族
　　イ　三世代家族
　　ウ　単独世帯
　　エ　二世帯

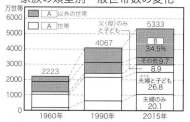
家族の類型別一般世帯数の変化
〈国立社会保障・人口問題研究所資料〉

(2)　総人口における15歳未満の子どもが減り，65歳以上の高齢者が増えていることを何といいますか。

(3)　少子化の原因を3つ答えなさい。

(4)　障がいのある人を含むすべての人が，自由に移動や施設の利用ができるよう，建物や交通では何が進められていますか。

(1)	A
	B
(2)	
(3)	
(4)	

書きトレ！ 高齢化の原因を次の語句を使って簡単に書きなさい。
　[　医療技術　　食生活　　平均寿命　]

（　　　　　　　　　　　　　　　　　　　　　　　　　　　　　　　　　　　　）

ヒント　❶ (3)自国の企業を優先して保護するのは，激しい国際競争が起こっているからです。
　　　　❷ (1)二世帯とは，主に祖父母の世帯と父母(と子ども)の世帯が同居している世帯です。

解答▶▶ p.1　　　9

2節 私たちの生活と文化

無形文化遺産である和食

( )にあてはまる語句を答えよう。

ノートを活用して，くり返し書いて覚えよう。

1 生活に息づく文化

教科書 p.9 〜 10

◉生活に息づく文化／文化の多様性と異文化理解

・文化…「（ ① ）」「食」「住まい」をはじめとする生活様式や，言語，科学，創作活動である（ ② ），神や仏を信仰する（ ③ ）など，人々が形づくってきたもの。

→従来は不可能だったことが（ ④ ）の進歩で可能になるなど，私たちの生活や人生をより豊かにする。

・文化の（ ⑤ ）…グローバル化によって，世界中でファストフード店が受け入れられるなどの現象が見られる。

・**異文化理解**…お互いの文化の価値を認め，共生を目指すこと。

①
②
③
④
⑤

2 日本の伝統と文化

教科書 p.11 〜 12

◉日本の文化／伝統文化を受け継ぐとは

・自然と人間の（ ⑥ ）や均衡を考えた生活様式が特徴的。

→小説や映画，アニメーションにも取り入れられている。

・海外の文化をうまく取り入れて，それまでの日本の文化と組み合わせて発展してきた。

→生活習慣や（ ⑦ ）にも外国や日本の（ ③ ）が取り入れられている。

→こうした文化が合わさり，日本人の「助け合い」や「（ ⑧ ）」の精神，「勤勉な気質」が育まれた。

⑥
⑦
⑧
⑨
⑩

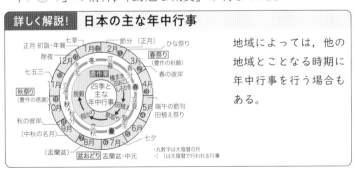

詳しく解説！ **日本の主な年中行事**

地域によっては，他の地域とことなる時期に年中行事を行う場合もある。

古くからの文化を受け継ぎつつ，新たな文化を創造していくことが大事なんだね。

・**伝統文化**…能・狂言など，昔から受け継がれてきた文化。

→伝統とは，過去から（ ⑨ ）へと受け継ぎ，さらに未来へと引き継いでいこうとするもの。

・UNESCOの保護のもと，和食や能楽などが（ ⑩ ）に登録。

解答▶▶ p.2

ぴたトレ
2
練習

2節　私たちの生活と文化

❶ 下の文章を読んで，次の問いに答えなさい。

教科書 p.9 〜 10

> 衣食住をはじめとする生活様式や，a科学，b芸術，c宗教など，人々が形づくってきたものを（ ① ）という。

(1) 文章中の①にあてはまる語句を答えなさい。

(2) 文章中の下線部a〜cに関する説明として正しいものを，次のア〜ウからそれぞれ選びなさい。

　ア　信仰を通じて，考え方や生活習慣に大きな影響を与えている。

　イ　人の思いや感情を表現し，他者に伝える創作活動。

　ウ　技術の発展で，不可能だったことが可能になる。

(1)	
(2)	a
	b
	c

❷ 右の表を見て，次の問いに答えなさい。

教科書 p.11 〜 12

(1) A〜Dの行事名を，表中から選びなさい。

　A　豆をまいて，魔よけをする。

　B　男子の成長を願う。

　C　踊って霊を供養する。

　D　七歳，五歳，三歳の子どもの成長を祝う。

12月	11月	10月	9月	8月	7月	6月	5月	4月	3月	2月	1月
冬至・クリスマス	七五三	秋祭り	秋分	盆おどり	七夕	夏至	端午の節句	花見・花祭り	ひな祭り	節分	正月・初詣

(2) 古くから人々に受け継がれてきた文化を何といいますか。

(3) 次の　　　　の中から，(2)にあてはまらないものを選びなさい。

> 歌舞伎　　茶道　　スマートフォン　　和服

(4) 2003年にUNESCO総会で条約が採択され，日本からは和食や能楽などが登録されている遺産を何といいますか。

(1)	A
	B
	C
	D
(2)	
(3)	
(4)	

書きトレ！　さまざまな国や地域の文化が身近になる中で「異文化理解」が求められています。それはどのようなことか，簡単に書きなさい。

（ 　　　　　　　　　　　　　　　　　　　　 ）

ヒント　❶ (1)科学・芸術・宗教のほか，言語や学問なども含まれます。
　　　　❷ (1)C　夏に行われる行事です。

第2章　現代社会をとらえる枠組み①

世界　国
学校
家族
自分
地域

（　）にあてはまる語句を答えよう。

ノートを活用して，くり返し書いて覚えよう。

1 社会的存在として生きる私たち

教科書 p.18

◉社会的存在としての私たち

・（ ① ）…家族や地域社会，国，世界などの人の集まり。互いを助け合い，尊重しながら生きることから人間は（ ② ）といわれる。

◉私たちと家族・地域社会

・**家族**…最も基礎的な（ ① ）。

・**地域社会**…住民どうしが協力しながら生活する空間。

　→地域社会が運営する（ ③ ）や消防団，子ども会など。

①
②
③
④
⑤

詳しく解説！ 家族の役割

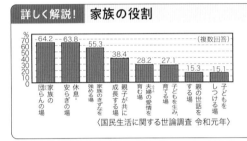

（複数回答）
64.2 家族の団らんの場
63.8 休息・安らぎの場
55.3 家族のきずなを強める場
38.4 成長する場
28.2 親子が共に育む場
27.1 夫婦の愛情を育てる場
15.3 子どもを生み，育てる場
15.1 親の世話をする場
子どもをしつける場
〈国民生活に関する世論調査 令和元年〉

家事，育児，家族の看病，介護など互いの存在を大切なものとして支え合うのが家族の大切な役割。

◉対立から合意へ

・**対立**…（ ④ ）の違いから人々の間に起きる問題や争い。

・**合意**…話し合いや交渉などを通じた（ ⑤ ）により作り出す。

利害が対立する人たちが共に利益を得ることを「win-winの関係」というよ。

2 効率と公正

教科書 p.19～20

◉効率とは

・**効率**…問題の解決策によって得られる（ ⑥ ）が，それにかける時間や労力，（ ⑦ ）に見合ったものか検討し，少ない**資源**や（ ⑦ ）などを使って社会全体でより多くの**利益**を得られるかどうかを大切にする考え方。

◉公正とは

・**公正**…各個人の意見を尊重し，一人一人に最大限（ ⑧ ）した結論になっているかどうかを大切にする考え方。

　→・（ ⑨ ）**の公正さ**…みんなが決定に参加したか。

　　・**機会の公正さ・**（ ⑩ ）**の公正さ**

　　　…ほかの人の権利や利益を不当に侵害していないか，立場が変わっても決定を受け入れられるか。

⑥
⑦
⑧
⑨
⑩

解答▶▶ p.2

1 次の問いに答えなさい。

教科書 p.18

(1) 家族は最も基礎的な何ですか。

(2) 対立や合意に関する説明として，あてはまらないものを，
次のア〜エから選びなさい。

　ア　それぞれ異なった考えをもっているので対立が起こる。

　イ　家族の中では対立は起きない。

　ウ　合意を作り出すために，話し合うことは有効である。

　エ　利害が対立する人同士でも，共に利益を得ることはできる。

(1)	
(2)	

2 下の2つの絵を見て，次の問いに答えなさい。

教科書 p.19〜20

A

B

(1) A・Bのイラストは，それぞれどのような状況を表してい
ますか。次のア〜ウから選びなさい。

　ア　順番を待つ人が一列に並び，空いたところを利用して
いる。

　イ　列をつくらず，空いているところを自由に利用している。

　ウ　乗り物の空席が少なくなるように並ぶ場所を2か所にわけている。

(2) より良い合意をつくるために2つの考え方があります。その考え方を説明した次のX・Y
の説明文に対応する語句を漢字2字で書きなさい。

　X　むだが少なく，最大の利益を得られる結果か。

　Y　合意による結論が一人一人に最大限配慮されているか。

(1)	A	
	B	
(2)	X	
	Y	

【書きトレ！】 人間が社会的存在といわれるのはなぜですか。簡単に書きなさい。

（　　　　　　　　　　　　　　　　　　　　　　　　　　　）

ヒント　1 (2)家族の間でも話し合いは重要です。
　　　　2 (1)列の状況を，イラストをよく見て考えてみましょう。

契約書の例

土地賃貸借契約書

| 賃貸人 | （甲） |
| 賃借人 | （乙） |

上記当事者間において、土地の賃貸借をするため次のとおり契約する。
（中略）
以上の契約を証するため本契約書を3通作成し、各当事者並びに連帯保証人（丙）が署名捺印して各1通を保有する。

年　月　日	賃貸人	（甲）
	賃借人	（乙）
	連帯保証人	（丙）

（　）にあてはまる語句を答えよう。

ノートを活用して，くり返し書いて覚えよう。

3 私たちときまり

教科書 p.21～22

◉社会集団ときまり

・社会集団では一人一人が（　①　）な人間として尊重されなければならない。

・日本国憲法での家族…（　②　）の尊厳と両性の本質的（　①　）が定められている。

◉合意するためには

・（　③　）を解消し，社会をよりよいものにしていくには，関係する人々が納得し，合意するように（　④　）ことが基本。

→全員で（　④　）ことが難しい場合もあるので，決める内容や関わる人の（　⑤　）に応じて決め方を選ぶことも大切。

| **詳しく解説！** | **スポーツのルール作り** |

柔道のルールの主な改正点

	2017年までのルール	2018年からの新ルール
試合時間	男子5分，女子4分	男女とも4分
技の評価ポイント	「一本」「技あり」「有効」	「一本」「技あり」だけ
	「指導」4回で反則負け	「指導」3回で反則負け

スポーツも競技の進展に伴って，ルールが変更されることがある。多くの人が納得するルール作りが大切である。

◉きまりを守る意義

・**きまり**（ルール）…合意によって作られるもの。

→きまりを守るという（　⑥　）や義務が生まれ，守ることで互いの（　⑦　）や**利益**が保障される。

・**契約**…（　⑦　）や**利益**が保障されるきまりを作ること。

◉きまりは変えられる

・社会が変化すると，新たな（　⑧　）が生じ，以前のきまりではうまく解決できなくなる場合がある。→そのような場合，新たな合意をきまりとして作り直すようにする。

	長所	短所
全員の意見の一致まで話し合う	全員が納得する	時間がかかる
多数決で決める	意見が反映される人の数が多い	少数意見が反映されにくい
代表者が決める	早く決まる	代表者の意見しか反映されないこともある
第三者が決める	利害に関係ないため早く決まる	当事者が納得しないことがある

①
②
③
④
⑤
⑥
⑦
⑧

人々は対立と合意を繰り返して，よりよい社会にしていく努力を続けているよ。

解答▶▶ p.2

① 次の問いに答えなさい。

教科書 p.21〜22

(1) 日本国憲法では，家族についてどのように定めていますか。次の①・②にあてはまる語句を答えなさい。

・（　①　）の尊厳と両性の本質的（　②　）が定められている。

(2) 決定を行うための多数決の長所と短所を，次の**ア〜エ**からそれぞれ1つずつ選びなさい。

ア　少数意見が反映されにくい。

イ　意見が反映される人の数が多い。

ウ　全員の意見が反映される。

エ　一人の人の意見が反映される。

(3) きまりを作ることを何といいますか。

(4) きまりを変えることについて，次の文章の①〜③にあてはまる語句を下の　　　　から選びなさい。

社会の変化により，新たな問題が生じると，以前のきまり（ルール）ではうまく問題を（　①　）できなくなることがある。きまりを決めたときと状況が変わり，新たな（　②　）が起こったときは，新たな（　③　）をきまりとして作り直すとよい。

対立　　解決　　合意

(5) 次の**X・Y**のきまりを決めるとき，最もよい合意の仕方を下の**ア・イ**から選びなさい。

X　家族での家事の分担

Y　国の政治のような社会全体の問題

ア　全員で話し合う　　イ　選ばれた代表者が話し合う

(1)	①	
	②	
(2)	長所	
	短所	
(3)		
(4)	①	
	②	
	③	
(5)	X	
	Y	

書きトレ! 合意によって作られたきまり（ルール）は，合意した人々にどのようなことをもたらすでしょうか。「**責任**」「**義務**」「**権利**」の語句を使って，簡単に書きなさい。

（　　　　　　　　　　　　　　　　　　　　　　　　　　　）

ヒント ① (2)多数決は多数の意見と少数の意見にわかれます。

(5)問題に関わる人々の規模によって，決め方を考える必要があります。

① 右のグラフを見て，次の問いに答えなさい。

24点

(1) A〜Cにあてはまる語句を，次のア〜ウから選びなさい。 技

　ア　スマートフォン
　イ　パソコン
　ウ　タブレット型端末

(2) 情報化が進み，世界の多くの地域や人々が結び付いて影響し合うことを，何といいますか。

(3) 情報通信技術をどのように使うか考える能力のことを何といいますか。

(4) (2)の進展により，世界中が似たような文化になる現象が見られます。これらは，文化の何とよばれていますか。

(5) 互いの文化や価値観を尊重し，多様な文化を持つ人々が共に生きていける社会を何といいますか。

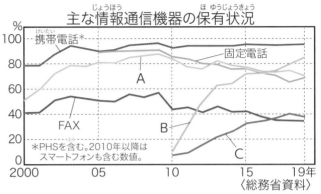

主な情報通信機器の保有状況

携帯電話*
固定電話
FAX
A
B
C

*PHSを含む。2010年以降はスマートフォンも含む数値。

〈総務省資料〉

② 右のグラフを見て，次の問いに答えなさい。

42点

(1) 住民どうしが協力し合いながら生活する集まりのことを何といいますか。

(2) AとCにあてはまる家族形態をそれぞれ何といいますか。 技

(3) Bにはどのような家族が含まれますか。 技

(4) 次の文章のア〜ウにあてはまる語句を書きなさい。
　家族とは最も基礎的な（　ア　）で，日本国憲法は家族一人一人の（　イ　）や両性の（　ウ　）を保障している。

(5) 少子化と高齢化が同時に進む社会を何といいますか。

(6) 記述 少子化の問題を解決するためにどのような社会をつくることが求められていますか。簡単に書きなさい。 思

(7) 記述 (1)とのつながりが大切な理由を簡単に書きなさい。 思

(8) 次の文の（　）にあてはまる語句を書きなさい。
　人間は，家族や(1)と関わりながら暮らしていることから，（　）といわれる。

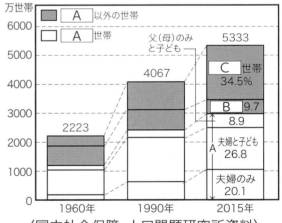

家族の類型別一般世帯数の変化

万世帯

A 以外の世帯
A 世帯

父（母）のみと子ども

2223
4067
5333

C 世帯
34.5%

B 9.7
8.9

夫婦と子ども
26.8

A

夫婦のみ
20.1

1960年　1990年　2015年

〈国立社会保障・人口問題研究所資料〉

❸ 次の問いに答えなさい。

18点

(1) 図中の「地域」で住民により運営される組織を一つ答えなさい。

(2) 次の文章は対立と合意について説明しています。①〜③にあてはまる語句を，下のア〜ウから選びなさい。技

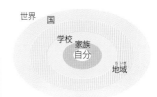

世界 国
学校 家族
自分
地域

> 「対立」を解決するためには，「合意」することが必要である。よりよい合意のため，無駄が少なく最大の利益を得られる（ ① ）や，一人一人に最大限配慮された結論である（ ② ）などの考え方が大切になってくる。そして合意した内容を（ ③ ）（ルール）として守ることで問題の解決につながる。

　ア　きまり　　イ　公正　　ウ　効率

(3) 作られたきまりを守ることで保障されるものを二つ答えなさい。

❹ 下の文章を読んで，次の問いに答えなさい。

16点

> ある人気の飲食店では，ピーク時に最大120分待ちの行列ができていました。もともとは人数に関係なく順番に案内していましたが，1席だけ空いた場合に1人で来た人を先に案内するようにしたところ，待ち時間は最大90分に減りました。

(1) 記述 このことを「効率」と「公正」という言葉を用いて，問題点がないかどうか説明しなさい。思

(2) 記述 決定を行うための方法を一つあげ，その長所と短所を簡単に説明しなさい。思

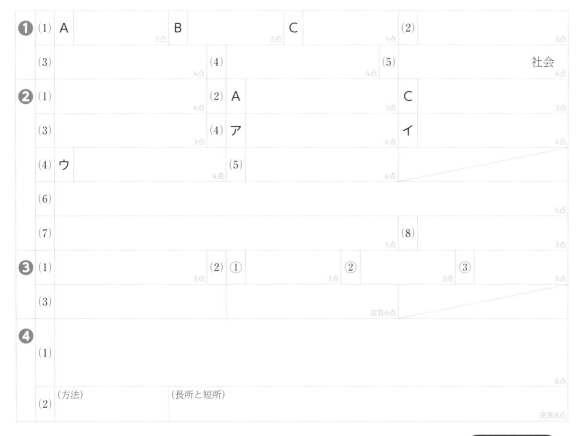

1節　民主主義と日本国憲法①

（　）にあてはまる語句を答えよう。

ノートを活用して，くり返し書いて覚えよう。

1 民主主義と立憲主義

教科書 p.29 ～ 30

◆ 国家権力はなぜ必要か

・（　①　）…人に何かを強制する力のこと。

・（　②　）…国家が国民に強制する力のこと。

◆ 民主主義

・（　③　）…（　②　）が適切に行使されるため，すべての国民が決定に参加すべきという考え方。

・（　④　）…（　③　）に基づく政治。

◆ 立憲主義

・（　⑤　）…（　③　）における主な意思決定の方法。

→より多くの意見を反映できる方法として行われている。

→（　⑤　）では，常に過半数の意見が反映されるとは限らず，賛成よりも，賛成しない人の数が多くなる場合もある。

> **詳しく解説！** （　⑤　）の問題点
>
> A案に賛成…①②③④
> （4人）
>
> B案に賛成…⑤⑥⑦
> （3人）
>
> C案に賛成…⑧⑨⑩
> （3人）
>
> A案に賛成しない（6人）
>
> 左の図では，10人のうち，A案に賛成する人が4人と最も多いが，過半数は反対している。よって賛成の人数が最も多い案を選んでも，過半数の人が不満ということになる。

①

②

③

④

⑤

⑥

⑦

> 賛成の数が少ないからと，少数意見を否定してよいわけではないよ。

・少数意見の尊重…少数の人の権利が侵害されないよう，異なる立場の人が十分に話し合い，（　⑥　）点を見いだすことが大切。

・（　⑦　）…国ごとに**憲法**というルールを作り，（　②　）の濫用を防ごうとする考え方。

2 人権保障と法の支配

教科書 p.31 ～ 32

◆ 人権とは／人権の歩み

・（　⑧　）…すべての人が，人という理由だけで持つべき権利。

・**人権条約**…1948年：**世界人権宣言**，1989年：（　⑨　）に関する条約

◆ 法の支配とは

・（　⑩　）…議会で制定された法に基づいて（　②　）を行使すること。

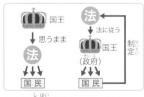

国王 → 思うまま → 法 → 国民

法 → 法に従う → 国王（政府） → 国民　制定

▲人の支配（左）と（　⑩　）（右）

⑧

⑨

⑩

解答▶▶ p.4

1 下の文章を読んで，次の問いに答えなさい。 教科書 p.29〜30

> あなたの国が，あなたのために何ができるかを問わないでほしい。あなたが，あなたの国のために何ができるかを問うてほしい。

(1) この言葉はアメリカのケネディ大統領（だいとうりょう）の言葉です。この言葉から，どのようなことがわかりますか。次のア・イから選びなさい。
　ア　方針やルールの決定は，優（すぐ）れたリーダーにすべてまかせることが大切。
　イ　人々は受け身ではなく，積極的に社会と関わることが大切。

(2) 多数決で留意すべき点について，次の文章の①〜③にあてはまる語句を，下の　から選びなさい。

> 単に最も賛成の多い意見を採用（さいよう）するだけでなく，異なる立場の人たちが十分に話し合い，（①）点を見いだすことが大切である。少数意見を（②）することによって，少数の人の（③）も守ることができる。

> 権利　　尊重　　合意

(1)		
(2)	①	
	②	
	③	

2 右の図を見て，次の問いに答えなさい。 教科書 p.31〜32

(1) 右の図が「人の支配」と「法の支配」を表すように，図のA〜Cに「国王」「国民」「法」という語句を正しく入れなさい。

(2) すべての人が，人という理由だけで持つべき権利のことを何といいますか。

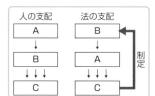

(1)	A
	B
	C
(2)	

書きトレ！ 多数決のデメリットは何ですか。簡単に書きなさい。

（　　　　　　　　　　　　　　　　　　　　　　　　　　　　　　）

ヒント　**1** (1)「国のために何ができるかを問うてほしい」という点に注目しましょう。
　2 (1)何が頂点かによって，支配のあり方が変わります。

1節 民主主義と日本国憲法②

あたらしい憲法の話の挿絵

(　)にあてはまる語句を答えよう。
ノートを活用して，くり返し書いて覚えよう。

3 日本国憲法の成立

教科書 p.35～36

大日本帝国憲法

・(①)…1889(明治22)年2月11日発布。
→国民の権利や自由は，天皇が与えた(②)として法律の範囲内で認められていたが，十分ではなかった。

詳しく解説! 大日本帝国憲法と日本国憲法

大日本帝国憲法…天皇が定めた欽定憲法。主権は天皇。
日本国憲法…国民が定めた民定憲法。主権は国民。

日本国憲法の成立

・**日本国憲法**…民主主義強化，立憲主義をより実現するため作られた。1946年11月3日に(③)，翌年5月3日に(④)。

①
②
③
④

4 国民主権

教科書 p.37～38

日本国憲法の三大原理

(⑤)**主権**	政治のあり方を決める**主権**が国民にある。
(⑥)**の尊重**	自由権や平等権，社会権などを保障する。
(⑦)**主義**	戦争を放棄し，戦力を持たない。

国民主権の意義

・憲法にのっとり，国家権力を行使させる。

象徴天皇制

・天皇…日本国の(⑧)であり日本国民統合の(⑧)。
・(⑨)…天皇が行う形式的・儀礼的な行為。

⑤
⑥
⑦
⑧
⑨

5 日本の平和主義

教科書 p.39～40

憲法9条に込められた決意

・再び戦争の惨禍が起きないようにすることを決意。

憲法9条の意味／日本国憲法と自衛隊

・(⑩)…自衛のための必要最低限度の実力。
・(⑪)**自衛権**…武力攻撃により日本の存立と国民に危険があり，他に国民を守る手段がない場合に必要最低限認められる。
・(⑩)は武力攻撃や災害への対応，PKO参加などが任務。

⑩
⑪

日本は非核三原則などの政策をとってきたよ

解答▶▶ p.4

① 右の表を見て，次の問いに答えなさい。

教科書 p.35 〜 38

(1) 表中の**A**にあては
まる語句を書きな
さい。

(2) 日本国憲法の三大
原理を書きなさい。

(3) **a**の天皇は，日本
国憲法ではどのよ
うな地位になりましたか。漢字2字で答えなさい。

(4) 天皇が行う形式的・儀礼的な行為を何といいますか。

大日本帝国憲法		日本国憲法
欽定憲法 (天皇が定める)	性格	民定憲法 (国民が定める)
天皇…a	主権者	（ **A** ）
法律の範囲内で 認められる	国民の権利	すべての人間が生 まれながらに持つ 権利として保障さ れる
兵役(男子)，納税， (教育)	国民の義務	普通教育を受けさ せる，勤労，納税

(1)	
(2)	
(3)	
(4)	

② 右の写真を見て，次の問いに答えなさい。

教科書 p.39 〜 40

(1) 右の写真は何という建物ですか。
またこの建物は何県にありますか。

(2) 日本は唯一の被爆国として，核兵
器を「持たず，作らず，持ち込ま
せず」という原則をかかげていま
す。これを何といいますか。

(3) 自衛隊に関する次の文章の①〜③にあてはまる語句を，下
のア〜ウから選びなさい。

> 自衛隊は，自衛のための必要（ ① ）の実力として組織され
> ている。1992年にはカンボジアに（ ② ）で派遣され，2007年
> には防衛庁が（ ③ ）となった。

ア　PKO　　イ　防衛省　　ウ　最小限度

(1) 建物名 県名　　　　　県	
(2)	
(3) ①	
②	
③	

書きトレ！ 戦後，日本が経済発展をとげた理由について，「防衛費」「予算」の語句を使って簡
単に書きなさい。

ヒント　① (3) 日本国と日本国民統合，それぞれに対する地位です。
② (1) 世界遺産に登録されています。

ぴたトレ 1

要点チェック

2節　基本的人権の尊重①

（　）にあてはまる語句を答えよう。

ノートを活用して，くり返し書いて覚えよう。

1 個人の尊重と憲法上の権利

教科書 p.41 ～ 42

◉ **個人の尊重**

・**個人の尊重**…憲法（　①　）条に「すべて国民は，個人として尊重される」と定められている。

詳しく解説！　**基本的人権の構成**

自由権　社会権　参政権など

平等権

個人の尊重

基本的人権は，個人の尊重とそれを保障する平等権を土台に，それを多くの権利が支える形で成り立っている。

◉ **憲法上の権利**

・個人の尊重の実現のため，基本的（　②　）の保障が必要。
　→国家に介入させない個人の自由の確保。法の下の（　③　）。

◉ **国民の不断の努力**

・個人の尊重は，その理念に反する慣習や制度を解消する努力を，人々が（　④　）に積み重ね，ようやく獲得したもの。

個人の尊重に反する慣習や制度に出合ったら声を上げることも大事だよ。

2 自由権

教科書 p.43 ～ 44

◉ **精神活動の自由**

・**自由権**…（　⑤　）から不当に強制や命令をされない権利。

・**精神活動の自由**…人々の多様な考え方を保障している。
　→自分の主義や主張を自由に持つことを認めた（　⑥　）。
　→人々が自由に集まったり，団体を結成したり，情報を発表・伝達したりできる**集会，結社，表現の自由**。
　→宗教を信仰する，しないを自由に自分で決める（　⑦　）。
　→自由に学問を研究・発表したり，教えたりする（　⑧　）。

◉ **経済活動の自由**

・**経済活動の自由**…（　⑨　）**選択の自由**や**財産権**など。
　→著作権や特許権などの（　⑩　）も財産権の一部。

◉ **生命・身体の自由**

・**生命・身体の自由**…不当な身体拘束の禁止。拷問や残虐な刑罰，（　⑪　）の強要の禁止。
　→法律の定める手続きによらなければ逮捕されない。

①

②

③

④

⑤

⑥

⑦

⑧

⑨

⑩

⑪

解答▶▶ p.5

2節　基本的人権の尊重①

1 右の図を見て，次の問いに答えなさい。　　教科書 p.41〜42

(1) 図のAにあてはまる語句を書きなさい。

(2) 個人の尊重の説明として間違っているものを，次のア〜ウから1つ選びなさい。

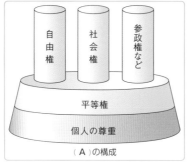

自由権

社会権

参政権など

平等権

個人の尊重

（ A ）の構成

ア　個人の尊重を実現するために，国民の基本的人権が保障されなければならない。

イ　個人の尊重より国家の運営のほうが重要なので，個人の自由は，国家によって介入を受けるべきである。

ウ　個人の尊重は，国民の不断の努力によって，ようやく獲得したものである。

(1)	
(2)	

2 右の表を見て，次の問いに答えなさい。　教科書 p.43〜44

(1) 右の表は，日本国憲法の自由権のうち，精神活動の自由についてまとめたものです。自由権は，精神活動の自由

精神活動の自由	
第19条	（ A ）・良心の自由
第20条	信教の自由
第21条	集会・（ B ）・表現の自由など
第23条	学問の自由

のほかに，あと二つあります。それは何ですか。

(2) 表中のAとBにあてはまる語句を書きなさい。

(3) 形になった発明やアイデアなどを守るための権利を何といいますか。

(4) (3)に含まれる，創作物に対する作者の権利を何といいますか。

(1)	
(2)	A
	B
(3)	
(4)	

書きトレ! 最近では実体のある「モノ」だけでなく，「情報」を知的財産権として保護する制度が整備されています。なぜ「情報」も保護されるのか，身の回りのものを一つ例にあげて簡単に書きなさい。

（　　　　　　　　　　　　　　　　　　　　　　　　　　　　　　　　　　　　　）

ヒント ❶ (2)国家が不当に個人の自由に介入するのは，民主主義に反します。
❷ (3)特許権も(3)の一種です。

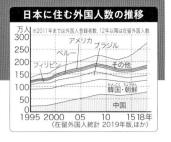

日本に住む外国人数の推移

〈在留外国人統計 2019年版,ほか〉

（　　）にあてはまる語句を答えよう。

ノートを活用して，くり返し書いて覚えよう。

3 平等権と差別されない権利

教科書 p.45 ～ 46

◉平等権とは
・**平等権**…憲法（　①　）条で保障されている。**法の下の平等**。

◉差別されない権利とは
・**部落差別**…被差別部落の出身者への差別。
・（　②　）…被差別部落の出身者が自身の手で自由と平等を勝ち取るため，1922(大正11)年に結成した。
・**部落差別解消推進法**…2016(平成28)年制定。国や地方公共団体に差別解消の義務を課す。

◉男女の平等
・（　③　）**社会基本法**…社会のあらゆる活動に男女が共に参画し，責任を担う社会を目指す。
・**男女**（　④　）**均等法**…労働の面で男女が平等となるよう施行。

詳しく解説！	**夫婦同姓と別姓**
夫婦同姓	日本，ジャマイカ　など
夫婦別姓	韓国，中国　など

日本では法律上，男女どちらの姓にしてもよいが，95%以上が夫の姓を選んでいる。

①

②

③

④

4 日本社会の差別の現実

教科書 p.47 ～ 48

◉アイヌの人々への差別
・（　⑤　）**振興法**…アイヌの人々の伝統文化を復活・振興させるために1997（平成9）年に施行された。
・**アイヌ施策推進法**…アイヌの人々を「（　⑥　）民族」と明記。

◉在日外国人への差別
・**在日**（　⑦　）…戦前の植民地政策などで日本にいた朝鮮出身者のうち，戦後も日本に残った人とその子孫。
・（　⑧　）**解消法**…2016年制定。人種や民族，宗教，国籍，性別などへの差別表現である（　⑧　）問題を解消する取り組み。

◉病気・障がいと平等・差別禁止
・（　⑨　）(エイズウイルス)感染者や（　⑩　）が完治した回復者(元患者)への差別が後を絶たない。
・**障がいへの差別解消**…バリアフリー新法，**障害者差別解消法**。

⑤

⑥

⑦

⑧

⑨

⑩

解答▶▶ p.5

❶ 次の問いに答えなさい。

教科書 p.45〜46

(1) 平等権は憲法何条に記され，保障されていますか。

(2) 江戸時代の身分制度がもとで，明治時代に「解放令」が出された後も根強く残っている差別を何といいますか。

(3) 社会のあらゆる活動に男女が共に参加し，責任を担う社会を目指して，1999年に施行された法律を何といいますか。

(4) 夫婦が別姓を選ぶことに対して考えられる反対意見を，次のア〜ウから1つ選びなさい。

　　ア　仕事上，姓が変わると不都合が生じる。

　　イ　「家」に対する心理的な拘束がなくなる。

　　ウ　親子で姓が異なると，不都合が生じる。

(1)	
(2)	
(3)	
(4)	

❷ 次の問いに答えなさい。

教科書 p.47〜48

(1) 現代の差別に関する次の①〜③の文について，あてはまるものを下のア〜ウから1つずつ選びなさい。

　　① 感染症の患者や，完治した回復者への差別。

　　② かつて北海道や樺太，千島列島で，独自の文化や言語を持っていた人々への差別。

　　③ 戦前に植民地から日本へ来て，戦後も日本に残った人々やその子孫に対する差別。

　　ア　病気への差別　　　　　　イ　在日韓国・朝鮮人差別

　　ウ　アイヌの人々への差別

(2) 特定の人種，民族，宗教，国籍，性別などをおとしめたり，差別をあおったりする表現をすることを何といいますか。

(3) 障がいのある人を含むすべての人に，自由な移動や公共施設の利用などを保障する取り組みを何といいますか。

(1)	①	
	②	
	③	
(2)		
(3)		

書きトレ！ ポジティブ・アクションとはどのような取り組みですか，簡単に書きなさい。

(　　　　　　　　　　　　　　　　　　　　　　　　　　　　　　　　　　)

ヒント　❶ (4)夫婦別姓になるとどのような問題があるかを考えましょう。

　　　　❷ (1)③ここでいう植民地とは，朝鮮のことです。

❶ 右の表を見て，次の問いに答えなさい。

35点

(1) 右の表は，大日本帝国憲法と日本国憲法の特徴をまとめたものです。表中のＡ〜Ｃにあてはまる語句を書きなさい。技

大日本帝国憲法		日本国憲法
天皇が定める	性格	Ａが定める
天皇／元首	主権者／天皇の地位	国民／Ｂ
軍が行政から独立	軍隊	Ｃ

(2) 日本国憲法の三大原理を書きなさい。

(3) 大日本帝国憲法で国民の権利は「何の権利」として保障されていましたか。

(4) 日本国憲法の公布年月日と，施行年月日を書きなさい。

(5) 記述 憲法に基づく立憲政治とは，どのようなことですか。簡単に書きなさい。思

(6) 近代以前のヨーロッパ社会で，国王や貴族などの一部の人々が権力をにぎり，人々を支配していた政治を何といいますか。

(7) (6)を防ぐために三権分立を説いた，フランスの思想家の名前を書きなさい。

❷ 右の表を見て，次の問いに答えなさい。

28点

(1) 右の表は，憲法の平等権に関してまとめたものです。ＡとＢにあてはまる語句を書きなさい。技

第13条	個人の尊重
第14条	Ａ　の平等
第24条	Ｂ　の本質的平等
第44条	参政権の平等

(2) 人種や民族，宗教などをおとしめたり，それらへの差別をあおったりする表現を何といいますか。

(3) 記述 第13条の「個人の尊重」とは，どのような意味か簡単に説明しなさい。思

(4) 男女の平等について，次の文章の①〜④にあてはまる語句を，下のア〜エから選びなさい。

> 職場での男女平等を実現するために，1986年に（　①　）が施行された。このときは，差別をなくす（　②　）を求めるだけだったが，1997年に改正されて，1999年4月からは募集や（　③　）などでの男女差別が禁止された。1999年には（　④　）も施行された。

ア　昇進　　イ　努力　　ウ　男女共同参画社会基本法　　エ　男女雇用機会均等法

(5) 明治時代に解放令が出されたあとも部落差別は根強く残りました。これに対し，被差別部落出身者が自ら自由と平等を勝ち取るため，1922年に結成した団体を何といいますか。

(6) 1965年に提出された同和対策審議会答申や，2016年に制定された部落差別解消推進法の内容について，あてはまらないものを，ア〜ウから選びなさい。

ア　差別意識の解消と障がいのある人への合理的配慮を目指す。

イ　部落差別をなくすことは国の責務であり，国民の課題である。

ウ　国や地方公共団体は，差別解消のために積極的な対策を行う義務がある。

❸ 次の問いに答えなさい。

(1) 右の図の権利のことを何といいますか。

(2) 下の文章は憲法第9条の条文の一部です。①～④にあてはまる語句を，下の**ア**～**エ**から選びなさい。技

> …国権の発動たる（　①　）と，武力による威嚇又は武力の行使は，国際紛争を解決する手段としては，永久にこれを（　②　）する。
> 前項の目的を達するため，陸海空軍その他の（　③　）は，これを保持しない。国の（　④　）は，これを認めない。

武力攻撃を受けた他国からの要請に基づき，その国の防衛のための武力行使を行う権利

②権利を行使した反撃

①武力攻撃

②反撃

A国

B国

密接な関係

ア 放棄　**イ** 戦力　**ウ** 戦争　**エ** 交戦権

(3) 記述 自衛隊の存在について，違憲・合憲それぞれの考え方を簡単に書きなさい。思

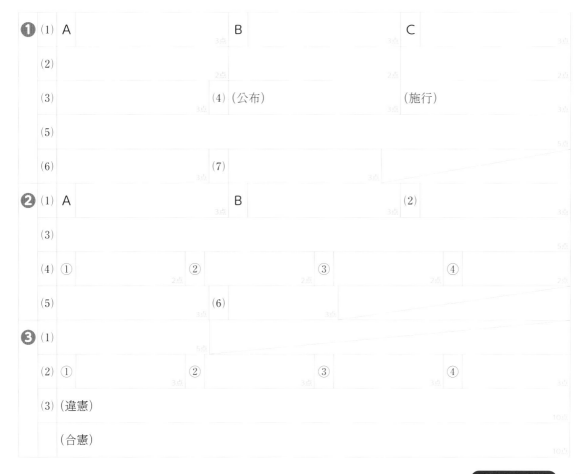

❶	(1)	A			B			C		
	(2)									
	(3)				(4)（公布）			（施行）		
	(5)									
	(6)			(7)						
❷	(1)	A			B			(2)		
	(3)									
	(4)	①		②		③		④		
	(5)			(6)						
❸	(1)									
	(2)	①		②		③		④		
	(3)	（違憲）								
		（合憲）								

2節　基本的人権の尊重③

労働に関する権利

勤労の権利 (憲法27条)	労働基準法 最低賃金法 男女雇用機会均等法 障害者雇用促進法など
労働基本権 (労働三権) (憲法28条)	団結権 団体交渉権 団体行動権

（　　）にあてはまる語句を答えよう。

ノートを活用して，くり返し書いて覚えよう。

5　社会権

教科書 p.51〜52

◉社会権とは

・（　①　）…人間らしい生活ができない人を支える義務が国家に
あるとの考えから保障される権利。

→（　①　）が初めて規定された憲法はドイツの（　②　）。

◉生存権・教育を受ける権利

・**生存権**…憲法25条にある「健康で（　③　）的な最低限度の生活」
を営む権利。

→生活費や住居費などを補助する（　④　）の制度により保障。

詳しく解説！	**生活保護の現状**

生活保護受給世帯数の推移

生活保護を受給する人は，1995年ごろから増え始め，とくに近年，年金だけで生活できず生活保護を受給する高齢者が増えている。また，家庭の経済問題により，子どもの食事や勉強に支障を来す例も見られる。

〈国立社会保障・人口問題研究所資料，ほか〉

◉労働基本権

・（　⑤　）の権利…憲法27条に定められた働く権利。

・（　⑥　）（**労働三権**）…労働組合を作る権利（（　⑦　）），団体で交渉する権利（**団体交渉権**），団体で行動しストライキなどを行う権利（**団体行動権**）の三つの権利。

6　政治に参加する権利と人権を守るための権利

教科書 p.53〜54

◉公共の福祉と人権

・（　⑧　）の**福祉**…あらゆる人の快適さや幸福につながること。

◉参政権

・**参政権**…国民が選挙で代表を選ぶ権利（（　⑨　））と選挙に立候補する権利（（　⑩　））など。

◉国務請求権

・（　⑪　）…国民が国家に意見を述べたり，権利の実現を求めたりする権利。**請願権**や裁判を受ける権利など。

◉国民の義務

・（　⑫　）を受けさせる義務・勤労の義務・納税の義務。

①
②
③
④
⑤
⑥
⑦

すべての人が健康で文化的な生活を送れるように，さまざまな権利があるんだね。

⑧
⑨
⑩
⑪
⑫

解答▶▶ p.7

1 次の問いに答えなさい。

教科書 p.51 〜 52

(1) 生活保護とは，社会権のうちの何という権利を保障するためのものですか。

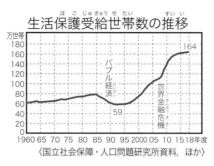

生活保護受給世帯数の推移

〈国立社会保障・人口問題研究所資料，ほか〉

(2) 右のグラフは生活保護受給世帯数の推移を表しています。
2018年度の受給世帯数は最も少ないときと比べて約何倍に増えていますか。次のア〜ウから選びなさい。

ア　3倍　　　イ　5倍　　　ウ　10倍

(3) 勤労の権利は，日本国憲法の第何条に規定されていますか。

(4) 労働基本権の大きな三つの権利は何か，答えなさい。

(1)	
(2)	
(3)	第　　　　　条
(4)	

2 次の問いに答えなさい。

教科書 p.53 〜 54

(1) 参政権にあてはまらないものを，次のア〜ウから選びなさい。

ア　裁判を受ける権利　　イ　選挙権　　ウ　被選挙権

(2) 世界の国々では，何歳から選挙権を与えられているところが最も多いですか。右のグラフを見て答えなさい。

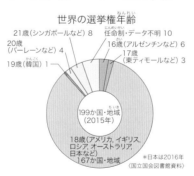

世界の選挙権年齢

21歳(シンガポールなど) 8
20歳(バーレーンなど) 4
19歳(韓国) 1
任命制・データ不明 10
16歳(アルゼンチンなど) 6
17歳(東ティモールなど) 3
199か国・地域(2015年)
18歳(アメリカ, イギリス, ロシア, オーストラリア 日本など) 167か国・地域
＊日本は2016年
〈国立国会図書館資料〉

(3) 国民が国家に意見を述べたり，権利の実現を求めたりする権利のことを何といいますか。

(4) 国民の三大義務は，普通教育を受けさせる義務，納税の義務と，もう一つは何ですか。

(1)	
(2)	歳
(3)	
(4)	

書きトレ！ 公共の福祉とは何ですか。「快適さ」「幸福」の語句を使って，簡単に書きなさい。

（　　　　　　　　　　　　　　　　　　　　　　　　　　　　　　　　　　　　　）

ヒント　1 (2)受給世帯が最も少ない年は59万世帯で，2018年度は164万世帯です。
2 (1)参政権以外の1つは，国務請求権に含まれる権利です。

臓器提供意思表示カード

臓器提供意思表示カード

ドナー情報用全国共通連絡先 0120-22-0149
臓器移植に関するお問い合わせ先：（公社）日本臓器移植ネットワーク
フリーダイヤル 0120-78-1069 https://www.jotnw.or.jp

（　）にあてはまる語句を答えよう。

ノートを活用して，くり返し書いて覚えよう。

7 これからの人権を考える

教科書 p.55～56

◈ 新しい人権とプライバシーの権利

・**新しい人権**…生命・自由への権利，幸福追求権の一種として，憲法（ ① ）条により保障されている。

・（ ② ）**の権利**…自分の個人情報を誰に伝え，誰に伝えないかを決定できる権利。

→この権利の実現のため，（ ③ ）法などが制定される。

| 詳しく解説！ | インターネットを利用した人権侵害事件 |

インターネットを利用した人権侵害事件の推移

インターネットの普及にともなって，個人情報が自らの意図に反して利用されたり，勝手に公開されたりする事例が増えている。左の図は，全国の法務局が調査した件数だが，実際にはもっと多くの事件が起きていると考えられる。

◈ 知る権利

・**知る権利**…国家が保有している情報の公開を求める権利。

→（ ④ ）法や（ ④ ）条例が制定される。

◈ 自己決定権・環境権

・医療における（ ⑤ ）**権**…患者自身が治療法を選ぶ権利。

→患者への病気の告知や治療方針を説明する（ ⑥ ）が行われるようになる。

・あらかじめ臓器提供の意思を表示できるカードもある。

・環境に関する新しい権利

| （ ⑦ ） | 良好な環境で生きる権利。 |
| （ ⑧ ） | 十分に日の当たる家に住む権利。 |

◈ 外国人の権利

・人権は（ ⑨ ）を問わず保障されるべきもので，日本に在留する（ ⑩ ）にも可能な限り権利が保障されなければいけない。

→ただし，国会議員を選挙する権利など，日本国民のみに保障される権利も例外として存在する。

①
②
③
④
⑤
⑥
⑦
⑧
⑨
⑩

社会の変化とともに，新しい人権が必要になってきたんだね。

① 次の問いに答えなさい。

教科書 p.55 〜 56

(1) 情報通信技術の進歩で，インターネット上の個人情報が第三者に意図せず利用されたり公開されたりする問題が起きています。これに対応して施行された国の法律は何ですか。

(2) インターネットを利用した人権侵害事件は，2019年に約何件，発生していますか。右のグラフを見て，最も近いものを次の**ア**〜**ウ**から選びなさい。

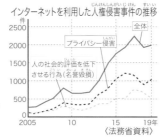

インターネットを利用した人権侵害事件の推移

　ア　約500件
　イ　約1000件
　ウ　約2000件

(3) 主権者である国民が，国家や地方公共団体が保有している情報の公開を求める権利のことを何といいますか。

(4) (3)を保障するためにできた国の法律は何ですか。

(5) 死後に臓器提供をするかどうか，生前にカードなどで意思表示ができるようになっています。このような権利を何といいますか。

(6) 右の絵のように，ビルの上階を傾斜させている目的として正しいものを，次の**ア**〜**ウ**から選びなさい。
　ア　プライバシーを保護するため。
　イ　雨水がたまらないようにするため。
　ウ　日あたりを確保するため。

(7) (6)は，環境権のうちの何という権利を保障していますか。

(1)	
(2)	
(3)	
(4)	
(5)	
(6)	
(7)	

第1章　教科書55〜56ページ

書きトレ！ 外国人の人権はどうあるべきですか。「国籍」の語句を使って，簡単に書きなさい。

(　　　　　　　　　　　　　　　　　　　　　　　　　　　　　)

ヒント　　① (2)2019年の「全体」の事件数を読み取りましょう。
　　　　　　① (6)建物に傾斜をつけると日陰の部分が減ります。

法の構造図

法の構造図

| 憲法 |
| 法律 |
| 規則,命令 |

（　）にあてはまる語句を答えよう。

ノートを活用して，くり返し書いて覚えよう。

1 権力の分立

教科書 p.59 〜 60

◉ **国民が授ける権限**

・**憲法**にはあらかじめ国民の意思が示されており，特定の人や組織である（　①　）は憲法にのっとって権限を行使できる。

| ① |

◉ **権力分立による権力抑制／三権分立の意義**

・（　②　）…国家権力を（　③　）・行政・司法の三つに分け，それぞれ別の機関に担わせる。

| ② |

→（　③　）…国民の代表が集まる議会で法案の立案を行う。

| ③ |

→行政…実際に仕事を実行。警察・消防・教育など。

→司法…（　④　）や義務に関する紛争を裁く。

| ④ |

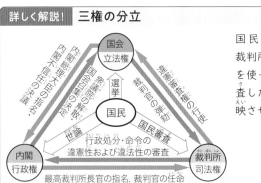

| **詳しく解説！ 三権の分立** |

国民は国会，内閣，裁判所が適切に権限を使っているかを審査したり，意見を反映させたりできる。

| ⑤ |

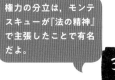

権力の分立は，モンテスキューが『法の精神』で主張したことで有名だよ。

◉ **権力の濫用を防ぐ**

・（　⑤　）…最高裁判所の裁判官を審査する。

2 憲法の保障・改正と私たち

教科書 p.61 〜 62

◉ **憲法の保障／違憲審査権**

・憲法…国の（　⑥　）。国会議員や公務員などは憲法を尊重し，擁護する義務を負う。

| ⑥ |

→権力者の憲法違反をやめさせ，憲法を維持する（　⑦　）。

| ⑦ |

・**違憲審査**…国会の作る法律や内閣の定める政令が憲法に違反していないか（　⑧　）が審査。（　⑧　）は**憲法の番人**。

| ⑧ |

◉ **憲法の改正**

・各議院の総議員の（　⑨　）以上の賛成による国会の発議と，（　⑩　）で過半数の賛成が必要。

| ⑨ |

→2007年に憲法改正（　⑩　）法が制定（投票年齢は18歳以上）。

| ⑩ |

① 右の図を見て，次の問いに答えなさい。

教科書 p.59〜60

(1) 図中のA〜Cにあて
はまる語句を書きな
さい。

(2) 図のように権力を三
つに分け，別の機関
に担わせることを何
といいますか。

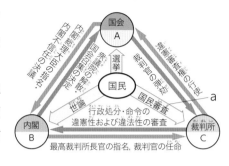

(1)	A	権
	B	権
	C	権
(2)		
(3)		

(3) aの国民審査の説明をした次の文章の（　）にあてはまる
語句を，下の ┊┄┄┄┄┄┊ から選びなさい。

> 国民審査は，（　　　　）の裁判官を国民が審査する制度であ
> る。投票用紙に「×」が記載された票が，何も記載されてい
> ない票の票数を上回ったら，その裁判官は罷免される。

┊ 家庭裁判所　　高等裁判所　　最高裁判所 ┊

② 次の問いに答えなさい。

教科書 p.61〜62

(1) 憲法とその保障について述べた次の文ア〜ウのうち，あや
まっているものを1つ選びなさい。

ア　憲法は，国の最高法規であり，憲法に違反する法律は
無効である。

イ　国会議員は現実に即した自由な立法を行うため，憲法
を尊重し擁護する義務はない。

ウ　憲法が保障する自由や権利は，国民の不断の努力に
よって，保持されるものである。

(1)	
(2)	

(2) 憲法改正の際，国会の発議には各議院の総議員のうち，どれだけの賛成が必要ですか。

書きトレ!　違憲審査とは何ですか。「憲法」の語句を使って，簡単に書きなさい。

（　　　　　　　　　　　　　　　　　　　　　　　　　　　　　　　　　　　　）

ヒント　① (3)国民審査は，司法の権力の濫用を防ぐために行われます。

② (1)権力者が憲法に違反しないように，さまざまなしくみがあります。

時間30分　／100点　合格70点

① **右の図を見て，次の問いに答えなさい。**　29点

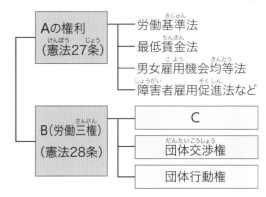

図：
Aの権利（憲法27条）
― 労働基準法
― 最低賃金法
― 男女雇用機会均等法
― 障害者雇用促進法など

B（労働三権）（憲法28条）
― C
― 団体交渉権
― 団体行動権

(1) 右の図は，労働に関する権利をまとめたものです。図中のA～Cにあてはまる語句を書きなさい。技

 よく出る

(2) 人間らしい生活を行えるよう国家が支える義務があるという考えのもとに保障される権利を何といいますか。

(3) 記述 (2)の権利のうち，憲法25条で保障されている生存権とはどのような権利ですか。簡単に書きなさい。思

(4) 図中の団体行動権のうち，労働者が自らの要求を認めてもらうために集団で仕事を放棄することを，何といいますか。カタカナで答えなさい。

(5) (2)の権利の中には，教育を受ける権利もあります。一方で，未成年者にはどのような教育が必要か，自らでは判断が難しいので，保護者に対してある義務が課されています。この義務を何といいますか。

② **右のグラフを見て，次の問いに答えなさい。**　45点

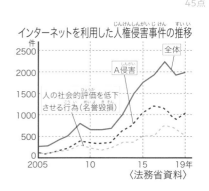

グラフ：インターネットを利用した人権侵害事件の推移

件
2500
2000
1500 ― 人の社会的評価を低下させる行為（名誉毀損）
1000
500
0
2005　10　15　19年
全体
A侵害
〈法務省資料〉

(1) 右のグラフは，インターネットを利用した人権侵害事件の件数の推移を表しています。グラフ中のAにあてはまる語句を書きなさい。技

(2) 記述 グラフ中のAの語句の意味を簡単に書きなさい。思

(3) グラフ中のAを守る権利を含めた新しい権利について，次の文の①～③にあてはまる語句を，下のア～エから選びなさい。

> 日本国憲法が直接（　①　）していないことがらについても，憲法13条の（　②　）などに基づいて，（　③　）として認めようとする動きが生まれている。

ア　幸福追求権　イ　環境権　ウ　規定　エ　権利

(4) 患者自身が治療法を選ぶ権利のことを，医療における何といいますか。

(5) 知る権利に基づいて，2001年に施行された法律を何といいますか。

 点UP

(6) 記述 情報通信技術の進歩とともに，有名人の個人情報が無断で公開される例も増えています。有名人の個人情報の公開に賛成する意見と，反対する意見をそれぞれ書きなさい。思

❸ 次の問いに答えなさい。

(1) 右の図中の①～③にあてはまる語句を書きなさい。

(2) 右の図のように，三つの権力をそれぞれ別の機関に担わせることを何といいますか。

(3) 次の①～③の文は，右の図のA～Dのうち，どれを説明したものですか。
　① 内閣が国会の権力の濫用を防ぐためのしくみ。
　② 国民が政治の代表者を選ぶしくみ。
　③ 国会が内閣の権力の濫用を防ぐためのしくみ。

(4) 記述 国家権力を一つの機関に独占させるとどうなりますか，簡単に書きなさい。思

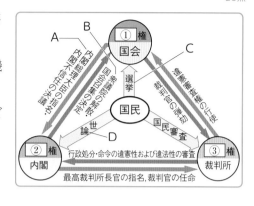

第
1
章

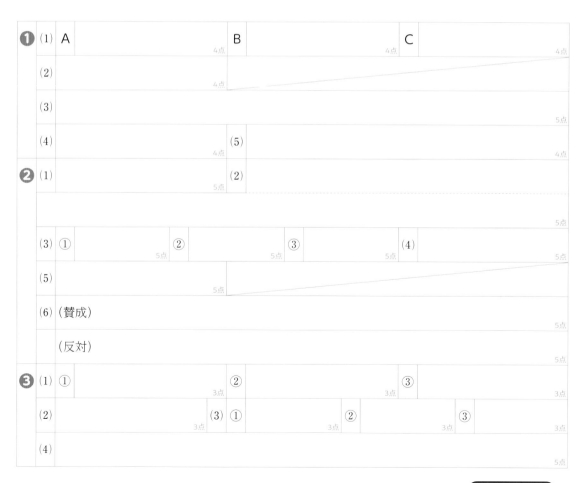

直接民主制と間接民主制

直接民主制	間接民主制
決定 国の在り方	決定 国の在り方
議論　採決	議論　採決
	議会
	国民の代表
	選挙
国民	国民

（　）にあてはまる語句を答えよう。

ノートを活用して，くり返し書いて覚えよう。

1 国民の願いを実現するために

教科書 p.67 ～ 68

◆政治とは

・**政治**…社会を構成する個人や集団の希望を満たし，対立を
（　①　）する努力を通じて，社会秩序を保ち，社会の利益を
増進していく働きで，おもに国や（　②　）の働き。

◆国民の願いを実現する国会

（　③　）制	国民の意思を直接政治に反映させる制度。
（　④　）制	選挙によって代表を選び，法律を定める力を その人たちに委ねる制度。

→（　⑤　）**制民主主義**…国会（（　⑤　））で討議を行う。

◆国会議員の役割

・**国会議員**…国民から選挙で選ばれ，国会を構成する人たち。

①

②

③

④

⑤

2 世論とマスメディア

教科書 p.69 ～ 70

◆世論と政治

・**世論**…政治に関する人々の意見。

・（　⑥　）…政治家が有権者に行う約束→（　⑦　）（マニフェスト）
…政権を取ったときに実現する約束。

◆マスメディアと政治

・**マスメディア**…大量の情報を（　⑧　）に伝達する手段。

・（　⑨　）（報道機関）…マスメディアによる情報発信のこと。

◆インターネットと政治

・（　⑩　）…信頼できる情報が何かを冷静に判断する力。
→事実と虚偽を見極められないと偏った情報による世論に。

・情報通信機器を持つ人と持たない人で情報量に差が生まれる。

⑥

⑦

⑧

⑨

⑩

> **詳しく解説！　メディアリテラシー**
> 「リテラシー」は英語で「読み書きができる能力」を意味する。転
> じて，「メディアリテラシー」とは，マスメディアの発信する情報が
> 信頼できるのか正しく判断し，活用する能力のことをいう。

> ホームページやソー
> シャルメディアを利用
> する政治家も増えてい
> るよ。

解答▶▶ p.9

1 次の問いに答えなさい。

教科書 p.67〜68

(1) 国民の意思を直接政治に反映させる制度を何といいますか。

(2) 選挙によって代表者を選び，法律を定める力をその人たちに委ねる制度のことを何といいますか。

(3) 政治について説明した次の文中の①・②にあてはまる語句を，下の　　　から選びなさい。

> 政治とは，社会を構成する個人や集団の希望を満たし，対立を（　①　）する努力を通じて，社会秩序を保ち，社会の（　②　）を増進していく働きのことである。

調整　　助長　　再生　　主張　　利益

---

(1)	
(2)	
(3)	①
	②

2 次の問いに答えなさい。

教科書 p.69〜70

(1) 政治に対する国民の要望・意見を何といいますか。

(2) 右のグラフについて述べた次のア〜ウのうち，正しいものを1つ選びなさい。

政府への国民の要望

医療・年金等の社会保障の整備	66.7
景気対策	52.5
高齢社会対策	50.7
雇用・労働問題への対応	37.1
少子化対策	36.1
物価対策	34.6

0 20 40 60 80%
（複数回答）
〈国民生活に関する世論調査 令和元年〉

　ア　国民が最も要望しているのは，景気対策である。

　イ　物価対策よりも景気対策を要望する人が多い。

　ウ　高齢社会対策を要望する人は少ない。

(3) (1)と政治を結ぶ役割を果たしている，大量の情報を大衆に伝達する手段のことを何といいますか。

(4) (3)の代表的なものを二つ書きなさい。

(5) 政治家が，選挙で政権を取ったときに実現する約束をカタカナで何といいますか。

(1)
(2)
(3)
(4)
(5)

書きトレ! 情報通信技術の発展とともにどのような力が必要になりますか，簡単に書きなさい。

（　　　　　　　　　　　　　　　　　　　　　　　　　　　　　）

ヒント　① (1)憲法改正における国民投票などがこれにあたります。

　　　　② (5)政権公約ともいいます。

1節　民主政治と私たち②

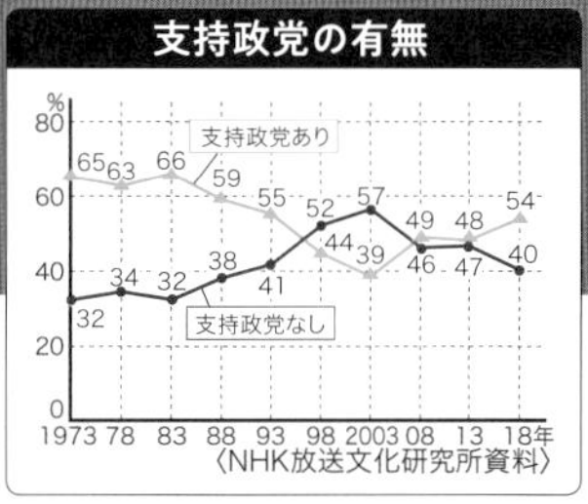
支持政党の有無
%
80
60
40
20
0
支持政党あり
支持政党なし
65 63 66 59 55 52 57 49 48 54
32 34 32 38 41 44 39 46 47 40
1973 78 83 88 93 98 2003 08 13 18年
〈NHK放送文化研究所資料〉

(　　)にあてはまる語句を答えよう。
ノートを活用して，くり返し書いて覚えよう。

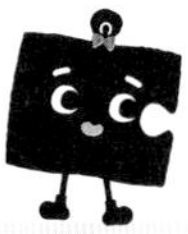

3 政党の役割

教科書 p.73～74

政党とは何か／政党の役割

・**政党**…同じ(①)や考え方を持つ人々が，それらを実現するために作るグループ。国会で議席の過半数を占める政党を**与党**，政権を担当しない政党を**野党**という。

・(②)…選挙や国会の運営を政党が中心に行う政治。

日本の政治の今

・**55年体制**…1955年以降，(③)(自民党)が一貫して政権を担う与党で，日本社会党が最大野党であった時代。

・(④)…55年体制が崩れて以降増えた，基本政策に合意した複数の政党が集まって作る政権。

①
②
③
④

4 選挙制度とその課題

教科書 p.75～76

政治参加の手段としての選挙

・(⑤)**選挙**…18歳以上の国民は誰でも投票できる。

・(⑥)**選挙**…選挙は1人1票。

・(⑦)**選挙**…無記名で投票する。

・(⑧)**選挙**…有権者が直接投票する。

→日本の選挙制度は，**公職選挙法**によって定められている。

選挙制度とその特色／日本の選挙制度の課題

・(⑨)**制**…候補者個人に投票。選挙区ごとに1名しか当選しない。

・(⑩)**制**…政党に投票する。

→現在の衆議院は，**小選挙区比例代表並立制**。

・**一票の格差**…議員一人あたりの有権者数の格差。

・(⑪)…政治資金の一部を政府が補助する。

⑤
⑥
⑦
⑧
⑨
⑩
⑪

詳しく解説!　一票の格差

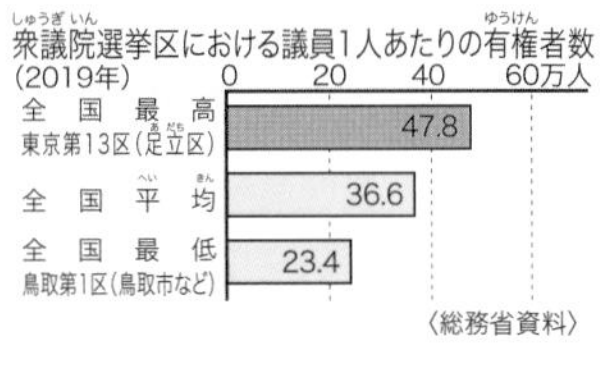
衆議院選挙区における議員1人あたりの有権者数
(2019年)
0 20 40 60万人
全国最高
東京第13区(足立区)
47.8
全国平均
36.6
全国最低
鳥取第1区(鳥取市など)
23.4
〈総務省資料〉

選挙区によって有権者の数が異なるため，議員一人あたりの有権者数の格差が一票の格差として問題となっている。2012年の衆議院議員選挙では，違憲状態だが，選挙は有効という判決が下された。

日本維新の会や立憲民主党などの政党が次々と生まれているよ。

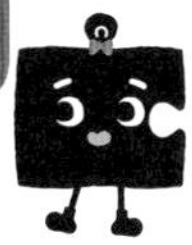

解答▶▶ p.9

1節　民主政治と私たち②

1 右の国民と政治についての図を見て，次の問いに答えなさい。 教科書 p.73〜74

(1) 図中の①と②にあてはまる語句を書きなさい。

(2) 政党は，国民の意見を政策に反映し，国会運営でも中心を担います。このようなしくみの政治を何といいますか。

(3) 基本政策に合意した政党が集まって作る政権を何といいますか。

(4) 1955年以降の，自民党が一貫して政権を担い，日本社会党が第二の政党だった時代を何といいますか。

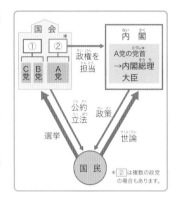

(1)	①	
	②	
(2)		
(3)		
(4)		

2 右の衆議院の選挙制度についての図を見て，次の問いに答えなさい。 教科書 p.75〜76

(1) 図中の①と②にあてはまる語句を書きなさい。

(2) 小選挙区制と比例代表制を組み合わせた現在の衆議院の選挙制度のことを何といいますか。

(3) 小選挙区制の問題点として正しいものを，次のア〜ウから1つ選びなさい。

　ア　大きな党が有利で，当選に反映されない票が少なくなる。

　イ　小さな党が有利で，当選に反映されない票が多くなる。

　ウ　大きな党が有利で，当選に反映されない票が多くなる。

(4) 選挙の四つの原則は，普通選挙，平等選挙，直接選挙と何ですか。

	投票先	得票数	結　果
小選挙区制	① に投票	A候補 5票 B候補 4票 C候補 3票	最多得票の1人が当選 A候補　B候補　C候補
比例代表制（定数3）	② に投票	A党 10票	政党の得票数に応じて当選
		B党 5票	
		C党 2票	

(1)	①	
	②	
(2)		
(3)		
(4)		

書きトレ！ 政党の目的を「政策」「政権」という語句を用いて，簡単に書きなさい。

(　　　　　　　　　　　　　　　　　　　　　　　　　　　　　　　　)

ヒント **1** (1)①は，政権を担っていない党のことです。

2 (3)小選挙区制では，当選者は一人で，落選者に票を入れた人の意思は反映されません。

2節　国の政治のしくみ①

衆議院と参議院の比較

	衆議院	参議院
議員定数	465人	245人*
任期	4年	6年 (3年ごとに半数改選)
選挙権	18歳以上	18歳以上
被選挙権	25歳以上	30歳以上
選挙区	小選挙区289人 比例代表176人	選挙区147人* 比例代表98人*
解散	ある	ない

*2022年に3人(選挙区1,比例代表2)を増やす予定。

(　　)にあてはまる語句を答えよう。
ノートを活用して，くり返し書いて覚えよう。

1 国会の役割としくみ

教科書 p.77〜78

◎ 国会の主な仕事

・国会…唯一の(　①　)機関で，**国権の最高機関**。(　①　)のほか，
予算の議決，(　②　)大臣の指名などが主な仕事。

・(　③　)**裁判**…重大なあやまちのあった裁判官を辞めさせるか
どうか決める。

・(　④　)**権**…政策に必要な情報を収集し調査する権利。

◎ 国会のしくみ

・(　⑤　)制…**衆議院**と**参議院**からなる。

・**衆議院の優越**は，法律案・予算の議決，条約の承認，(　②　)
大臣の指名，予算の先議，内閣不信任決議で認められている。

→衆議院は任期が短く(　⑥　)があるため，国民の意思をより
反映することができると考えられている。

◎ 国会議員の身分保障

・国会議員は，国から歳費(給与)が支給。不逮捕特権(国会会期中，逮捕されない)，免責特権
(国会の発言で刑罰を受けない)がある。

①
②
③
④
⑤
⑥

2 国会の現状と課題

教科書 p.79〜80

◎ 国会の種類と会議のルール

・(　⑦　)(通常国会)…年1回。1月に開会。

→ほかに臨時会(臨時国会)，特別会(特別国会)，緊急集会。

→議決は多数決，公開が原則で，本会議を開くには総議員の

(　⑧　)以上，委員会では2分の1以上の出席が必要。

◎ 法律はどのように作られるか

・委員会で審議→(　⑨　)で議決→公布→施行

> **詳しく解説!　法律ができるまで**
>
> 分野ごとに委員会で法律案を審議し，委員会の決定を経て本会議で
> 議決される。法律案の可決には衆議院の優越が認めれられるため，
> 法律案が衆議院で可決された後，参議院で否決された場合でも，衆
> 議院で出席議員の3分の2以上の多数で，再可決される。

◎ 少ない議員立法／これからの国会の在り方

・立法機関でありながら**議員立法**が少ないのが課題。

・(　⑩　)(クエスチョンタイム)…与野党の党首が直接討論。

⑦
⑧
⑨
⑩

今の国会では，強行採
決や，女性議員が少な
いことなどが課題とし
てあげられるよ。

40

解答 ▶▶ p.10

❶ 次の問いに答えなさい。

教科書 p.77～78

(1) 国会において，衆議院と参議院の2か所で審議することを何制といいますか。

(2) 衆議院と参議院の議決が一致しない場合，衆議院に，より大きな権限が認められていることを何といいますか。

(3) (2)にあてはまらないものを，次のア〜ウから1つ選びなさい。

　　ア　法律案の議決　　イ　条約の承認
　　ウ　憲法改正の発議

(4) 国会に関する次の文中の①と②にあてはまる語句を書きなさい。

　国会は，唯一の（　①　）機関で，国権の（　②　）機関である。

(1)	
(2)	
(3)	
(4)	①
	②

❷ 次の問いに答えなさい。

教科書 p.79～80

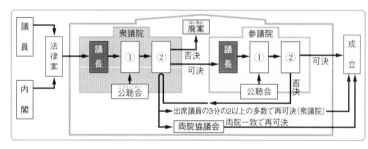

(1) 図中の①と②にあてはまる語句を書きなさい。

(2) 法律案のうち，国会議員が提出したものを何といいますか。

(3) 衆議院解散後の総選挙の日から30日以内に開く国会のことを何といいますか。

(4) 与党と野党の党首が直接討論することを何といいますか。

(1)	①
	②
(2)	
(3)	
(4)	

書きトレ! 国政調査権とは何か，簡単に書きなさい。

（　　　　　　　　　　　　　　　　　　　　　　　　　　　）

ヒント ❶ (4)②国権とは国家権力の略です。

❷ (1)①議員全員ですべての議題を議論するのは難しいため，分野ごとに審議します。

内閣不信任決議と問責決議			
	権限	対象	拘束力
内閣不信任決議	衆議院のみ	内閣	あり
問責決議	両院	公職者個人（内閣総理大臣，国務大臣など）	なし

（　）にあてはまる語句を答えよう。

ノートを活用して，くり返し書いて覚えよう。

3 内閣の役割としくみ

教科書 p.81～82

◉ 内閣の役割

・（ ① ）…国会が定めた法律や予算などに基づき，国民のために国の立場から仕事を行うこと。

・**内閣**…（ ① ）全体に責任を持つ機関。

◉ 内閣の組織

・（ ② ）…内閣の最高責任者。与党の党首がなるのが一般的。

・（ ③ ）…通常14名から17名で構成される大臣たち。
→政府の方針を定める（ ④ ）を開く。決定は全会一致が原則。

◉ 議院内閣制

・**議院内閣制**…内閣が国会に連帯して責任を負う。日本など。

・（ ⑤ ）制…（ ⑤ ）が議会から独立した権限を持つ。アメリカなど。

①
②
③
④
⑤

詳しく解説！ 議院内閣制と大統領制

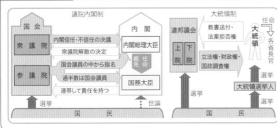

日本と違い，アメリカでは立法権を持つ連邦議会と行政の長である大統領が別の選挙で選ばれる。

4 行政の役割と課題

教科書 p.83～84

◉ 行政の役割／行政権の拡大

・（ ⑥ ）…国や地方の公的機関で働く人。
→国民全体に（ ⑦ ）するものであり，公共の利益のために法律に従い仕事をする責任がある。

・本来は国会が中心となり，行政を指揮監督すべきであるが，国の仕事が多岐にわたるため，実態として行政の役割が大きくなっている。→このことを，**行政権の（ ⑧ ）**という。

・各省庁は，事業の許可・認可を行う権限を持つ。

◉ これからの行政の在り方

・（ ⑨ ）…組織や業務のむだを省いた効率的な行政を目指す。

・行政の（ ⑩ ）が進み，民間企業にできることは民間企業に任せることで，経済の活性化も期待されている。

⑥
⑦
⑧
⑨
⑩

解答▶▶ p.10

① 右の図を見て，次の問いに答えなさい。

教科書 p.81 ～ 82

(1) 図中のAとBにあ
てはまる語句を書
きなさい。

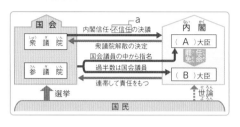

(2) A大臣は政府の方
針を定めるために
何を開きますか。

(3) 図中のaに関する次の文章の①～④にあてはまる語句を，
下の**ア**～**エ**から選びなさい。

> （　①　）は，内閣不信任決議を行って，内閣の（　②　）を問う
> ことができる。内閣不信任決議が可決した場合，内閣は（　③　）
> するか，可決から10日以内に衆議院を解散し，（　④　）を行わ
> なければいけない。

ア　総選挙　　**イ**　総辞職　　**ウ**　衆議院
エ　政治責任

(1)	A
	B
(2)	
(3) ①	
②	
③	
④	

② 次の問いに答えなさい。

教科書 p.83 ～ 84

(1) 行政についての正しい文を次の**ア**～**ウ**から選びなさい。
　ア　行政の仕事を実行するのは，国会議員である。
　イ　公務員は，毎年行われる選挙で選ばれる。
　ウ　公務員は国民全体に奉仕し，公共の利益のために仕事
　　をしなければならない。

(2) 次の①～③の庁を管轄する省の名前を書きなさい。
①資源エネルギー庁　　②気象庁　　③文化庁

(3) 組織や業務のむだを省いて，効率的な行政を目指すことを
何といいますか。

(1)	
(2) ①	
②	
③	
(3)	

書きトレ! 議院内閣制と大統領制のちがいを，簡単に書きなさい。

（　　　　　　　　　　　　　　　　　　　　　　　　　　　　）

ヒント　① (2)A大臣とB大臣全員が出席し，全会一致によって決定されます。
　　② (1)国会議員は立法を担っています。

2節　国の政治のしくみ③

法曹人口

	※人口10万人に対する人数		
	裁判官	検察官	弁護士
日本 (2018年)	2.4	1.5	32.6
アメリカ (2018年)	9.9	10.1	384.4

〈裁判所データブック2019〉

（　）にあてはまる語句を答えよう。

ノートを活用して，くり返し書いて覚えよう。

5 私たちの生活と裁判

教科書 p.87～88

◈ 法に基づいて行われる裁判

・（ ① ）**（裁判）**…権利の対立について憲法や法律によって公正に解決すること。

・（ ② ）…（ ① ）が原則，公開で実施されるところ。

◈ 民事裁判と刑事裁判

・（ ③ ）…個人（私人）間の権利・義務の対立を解決する裁判。訴えた人（（ ④ ））と訴えられた人（（ ⑤ ））の間で争われる。

・刑事裁判…法律に違反したかを判断し，違反した場合は刑罰を決める裁判。罪を犯したと疑われる人（被疑者）を**被告人**として検察官が訴える（（ ⑥ ））。重大犯罪の第一審は裁判員裁判。

◈ 三審制

・**三審制**…一つの事件につき3回裁判が受けられる。判決に不満があれば，**控訴**，さらに（ ⑦ ）する。

詳しく解説！ 三審制と裁判所の種類

三審制と裁判所の種類

第一審は，事件の内容により，地方裁判所・家庭裁判所・簡易裁判所のいずれかで行われる。三審制で確定した判決でも新たな証拠によって判決に疑いがあれば，再審請求が可能である。

◈ 司法権の独立

・**司法権の独立**…裁判の公正・中立のため，ほかの機関から独立。

国民が原告となり，国を被告として訴える行政裁判も民事裁判の一種だよ。

①
②
③
④
⑤
⑥
⑦

6 人権を守る裁判とその課題

教科書 p.89～90

◈ 裁判での人権保障

・（ ⑧ ）の原則…被疑者や被告人は有罪の判決を受けるまで無罪とみなされる。

◈ 司法制度の課題とこれから／裁判員制度

・**司法制度改革**…法テラスの設立，（ ⑨ ）大学院の創設など。

・（ ⑩ ）…2009年より開始。裁判官と一緒に刑事裁判を行う。

→**裁判員**6人と裁判官3人で一つの事件を担当。裁判員は刑事裁判に出席して議論に参加し，被告人が有罪か無罪かなどを決める。

⑧
⑨
⑩

解答▶▶ p.11

2節　国の政治のしくみ③

1 右の図を見て，次の問いに答えなさい。

教科書 p.87〜88

(1) 図中のAとBにあてはまる語句を書きなさい。

(2) 図中の①と②の矢印が表している語句を書きなさい。

(3) 図のように，3回まで裁判を受けられる制度を何といいますか。

(4) 国民が国を訴える行政裁判は，民事裁判と刑事裁判のどちらですか。

| 民事裁判 | 刑事裁判 |

```
A 裁判所                    A 裁判所
  ②  ↑  ②・特別抗告          ②  ②  ②・特別抗告
  B 裁判所                   B 裁判所
 ①  ②                    ①  ①・抗告        抗告
地方裁判所  家庭裁判所      地方裁判所  家庭裁判所
  ①                        ①
簡易裁判所                  簡易裁判所
```

(1)	A	
	B	
(2)	①	
	②	
(3)		
(4)		

2 次の問いに答えなさい。

教科書 p.89〜90

(1) 司法制度改革の内容として，正しくない文を，次のア〜ウから選びなさい。

　ア　国民が裁判官と一緒に刑事裁判を行う裁判員制度が始まった。

　イ　法曹の数を増やすために，法科専門学校が創設された。

　ウ　司法サービスを利用しやすくするために，法テラス（日本司法支援センター）がつくられた。

(2) 被疑者や被告人が有罪の判決を受けるまで無罪とみなされる原則のことを何といいますか。

(3) 裁判員裁判での裁判員の数は原則，何人ですか。

(4) 先進国の中で日本は弁護士が多いですか，少ないですか。

法曹人口

※人口10万人に対する人数

	裁判官	検察官	弁護士
日本 (2018年)	2.4	1.5	32.6
アメリカ (2018年)	9.9	10.1	384.4

（裁判所データブック2019）

(1)	
(2)	
(3)	人
(4)	

書きトレ！ **司法権の独立について，簡単に書きなさい。**

（　　　　　　　　　　　　　　　　　　　　　　　　　　　　）

ヒント　1 (2)第一審の後も控訴，さらに上告が可能です。
　　　　2 (4)表を見て，アメリカと日本の弁護士の数を比べてみましょう。

時間 30分 ／合格 70点 ／100点

❶ 国会について，次の問いに答えなさい。

42点

(1) 右の**資料Ⅰ**は，衆議院と参議院を比較したものです。①〜⑧にあてはまる数字や語句を，次の**ア**〜**ク**から選びなさい。技

ア　6　　イ　4　　ウ　30　　エ　25
オ　選挙区　　カ　小選挙区
キ　ある　　ク　ない

(2) 記述 国会が衆議院と参議院からなる二院制を採っている理由を簡単に書きなさい。思

 よく出る

(3) **資料Ⅱ**のように議員一人あたりの有権者数の違いが問題になっています。この問題を何といいますか。

(4) 記述 (3)が問題である理由を「参政権」という語句を用いて簡単に書きなさい。思

(5) 選挙の四つの原則のうち，無記名で投票することを何といいますか。

資料Ⅰ

	衆議院	参議院
議員定数	465人	245人＊
任期	（　①　）年	（　②　）年 （3年ごとに半数改選）
選挙権	18歳以上	18歳以上
被選挙権	（　③　）歳以上	（　④　）歳以上
選挙区	（　⑤　）289人	（　⑥　）147人＊
	比例代表176人	比例代表98人＊
解散	（　⑦　）	（　⑧　）

＊2022年に3人（（　⑥　）1，比例代表2）を増やす予定。

資料Ⅱ　衆議院選挙区における議員1人あたりの有権者数

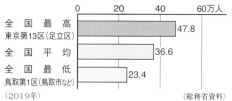

全国最高 東京第13区（足立区）　47.8
全国平均　36.6
全国最低 鳥取第1区（鳥取市など）　23.4
（2019年）　〈総務省資料〉

❷ 内閣について，次の問いに答えなさい。

33点

 よく出る

(1) 内閣総理大臣について，次の文章の①〜④にあてはまる語句を，下の**ア**〜**エ**から選びなさい。技

　内閣総理大臣は，一般的に（　①　）の代表者がなる。（　①　）は，国会で議席の過半数を占める（　②　）で，政権を担当する。もし過半数を占める（　②　）がない場合は，政策に合意した複数の（　②　）による（　③　）となる。また，政権を担当しない（　②　）は（　④　）という。

ア　政党　　イ　与党　　ウ　野党　　エ　連立政権

(2) 右の図中の**A**・**B**にあてはまる語句を書きなさい。

(3) 右の図中の省庁で働く人を何といいますか。漢字5文字で書きなさい。

(4) 右の図中の省庁が担っていた業務について，民間企業にできることは民間企業に任せ，民間企業が新たな分野に参入しやすくすることを何といいますか。

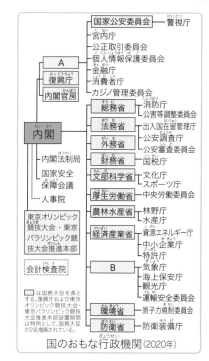

国のおもな行政機関（2020年）

(5) 記述 (4)を行うことで起こる問題点を「利益」という語句を用いて簡単に書きなさい。思

 点UP

成績評価の観点　　技…資料活用の技能　　思…社会的な思考・判断・表現

❸ 裁判所について，次の問いに答えなさい。

25点

(1) 右の図中の①〜③にあてはまる語句を書きなさい。

(2) 右の図のように，一つの事件について3回まで裁判を受けられる仕組みを何といいますか。

(3) 次の①〜③の内容は，民事裁判，刑事裁判のどちらにあてはまりますか。民事裁判の場合は**ア**，刑事裁判の場合は**イ**を選びなさい。

  ① 裁判員が参加する裁判。

  ② 国民が原告となり，国を被告として訴える行政裁判。

  ③ 盗みを犯して，その罪を裁く裁判。

(4) 記述 裁判官が着ている黒い服にこめられている意味を簡単に書きなさい。思

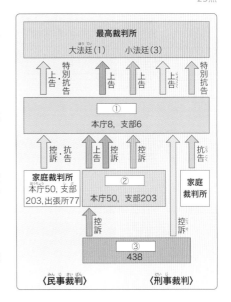

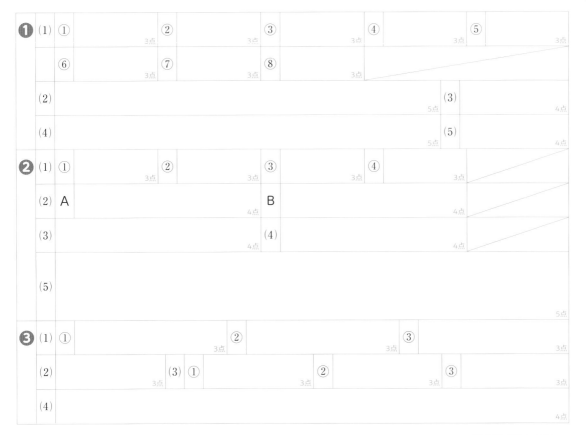

第2部　政治　　第2章　民主政治

3節　地方自治と私たち①

市区町村の仕事の例
市区町村の仕事の例
消防
図書館の運営
水道工事
コミュニティバスの運営
住民登録

（　）にあてはまる語句を答えよう。
ノートを活用して，くり返し書いて覚えよう。

1 地方自治と地方公共団体

教科書 p.93 ～ 94

◉地方公共団体の仕事

・**地方公共団体**…市町村や都道府県など，地域の行政を行う団体。（　①　）ともいう。

・（　②　）…東京23区のこと。市町村とほぼ同じ権限が与えられている。

　→一方で政令指定都市に設けられている区は，市の組織の一部。

◉民主政治を支える地方自治

・（　③　）の原則…その地域に住む住民自身がみんなで問題を解決するという政治のあり方。

・**地方自治**…住民がみずからの意思と責任で地方の政治に取り組むしくみ。

　→地方公共団体は，国（中央政府）の定めた法律に違反しない限り，独自に政策を決定し，実行することができるという（　④　）も日本国憲法で定められている。

　→地方自治は，住民が主体的に，そして直接参加できる場面が多いことから「（　⑤　）」とよばれる。

◉地方分権の動き

・（　⑥　）…地方自治の組織や運営方法などを定めた法律。

・**地方分権一括法**…2000年に施行された，国と地方公共団体が（　⑦　）の関係で仕事を分担することを目指すための法律。

　→国から地方公共団体に多くの（　⑧　）が移された。

　→国と地方公共団体の間で権力を分立させるための制度ともいえる。

①
②
③
④
⑤
⑥
⑦
⑧

> **詳しく解説！　日本国憲法と地方自治**
> 大日本帝国憲法では，地方自治の制度を保障する規定はなかったが，日本国憲法では，第8章（92条～95条）で地方自治の制度を保障し，組織の運営方法などは地方自治法で定めている。

> 地域の政治は，国からの権限移譲が進んでいるよ。

解答▶▶ p.12～13

1 次の問いに答えなさい。

教科書 p.93〜94

(1) 住民が最も力を入れるべきと考えている政策を，右の図から選び，書きなさい。

(2) 「防犯対策」は，住民にとって何番目に力を入れるべき政策ですか。右の図を見て，答えなさい。

力を入れるべき政策

防災対策　44.4
高齢者がいきいきと生活できる環境づくり　23.4
介護サービスの充実　18.7
防犯対策　16.6
保育サービスなどの充実　15.6
住環境の向上　13.7
道路整備（バリアフリーなど）　13.6
（複数回答）

（東京都墨田区, 2018年）〈墨田区の世論〉

(3) 墨田区のような，市町村とほぼ同じ権限を与えられている区のことを何といいますか。

(4) その地域に住む住民自身がみんなで問題を解決するという政治のあり方を何の原則といいますか。

(5) 地方自治の組織や運営方法などを定めた法律を何といいますか。

(6) 2000年に施行された，国と地方公共団体が対等の関係で仕事を分担することを目指すための法律を何といいますか。

(7) 近年，国と地方公共団体はどのように変化してきていますか。正しいものを次のア〜エから選び，記号で答えなさい。

　ア　国に権限を一元化して，政権を強化しようとしている。

　イ　国が地方に権限を移譲する傾向にある。

　ウ　道州制を施行して，地方自治の権限を縮小しようとしている。

　エ　国会議員を徐々に減らして，最終的に国の権限をすべて地方に移譲しようとしている。

(1)	
(2)	番目
(3)	
(4)	の原則
(5)	
(6)	
(7)	

第2章

教科書93〜94ページ

書きトレ! 地方自治が「民主主義の学校」といわれる理由を簡単に書きなさい。

（　　　　　　　　　　　　　　　　　　　　　　　　　　　　　）

ヒント 1 (2)図の上から順に希望している住民が多い政策が並んでいます。

(7)近年は地方分権が進んでいます。

3節　地方自治と私たち②

（　）にあてはまる語句を答えよう。

ノートを活用して，くり返し書いて覚えよう。

② 地方公共団体のしくみと政治参加

教科書 p.95～96

◈ 地方公共団体のしくみ

・**地方議会**…住民の直接選挙で選ばれた（ ① ）で構成される。

　→地方公共団体独自の法である（ ② ）を制定したり，予算を決定したりするのが仕事。

・**首長**…都道府県知事や市町村長など，地方公共団体の長。住民の直接選挙で選ばれる。→（ ② ）や予算の案を作って議会に提出したり，予算が実行されるよう，（ ③ ）機関を指揮監督したりする。

　→地方議会の（ ① ）と首長の両方を住民の直接選挙で選ぶ制度を（ ④ ）という。

・**地方議会と首長**…首長は，議会に議決の（ ⑤ ）を求めたり，議会を（ ⑥ ）したりすることができる。議会は，首長の（ ⑦ ）を決議することができ，議決されれば，首長は辞職するか，議会を（ ⑥ ）しなければならない。

◈ 地方議会・首長と私たち

・（ ⑧ ）**権**…住民が必要な署名を集めることで，首長や地方（ ① ）などの**解職**，議会の（ ⑥ ）を請求すること（**リコール**）ができる。

①
②
③
④
⑤
⑥
⑦
⑧
⑨
⑩

詳しく解説!　**直接請求権**

内　容	必要な署名	請求先
条例の制定，改廃	有権者の$\frac{1}{50}$以上	首長
事務の監査		監査委員
議会の解散	有権者の$\frac{1}{3}$以上※2	選挙管理委員会
議員・首長の解職		
主要な職員※1の解職		首長

※1 副知事，副市町村長，選挙管理委員，公安委員，監査委員

※2 有権者数が40万人を超え80万人以下の場合は，40万人を超える分の⅙と40万人の⅓を合計した数。80万人を超える場合は，80万人を超える分の⅛と40万人の⅙と40万人の⅓を合計した数。

署名を集めることで，首長や地方議員の解職（リコール）などのほかに，条例の制定や改廃を請求することもできる。

地方自治は，国の政治よりも直接民主制を取り入れているよ。

◈ 住民参加の方法

・（ ② ）に基づく（ ⑨ ）…住民の意見を地方の政治に反映させる手段の1つ。

・**住民参加**…防災やまちづくりに向けて求められている。

・（ ⑩ ）（**NPO**）…ボランティア活動などの社会貢献活動を行う，営利を目的としない団体。

解答▶▶ p.13

3節　地方自治と私たち②

教科書 p.95〜96

❶ 次の問いに答えなさい。

(1) 右の図を見て，次の問いに答えなさい。

① AとBにあてはまる語句を書きなさい。

② 内閣総理大臣とは異なるAとBの選び方を何といいますか。

③ Bが案を考え，Aで決定するものを1つ書きなさい。

④ 図のような体制を何といいますか。

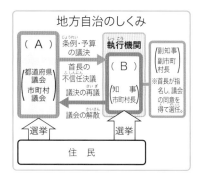

地方自治のしくみ

(2) 右の表を見て，次の問いに答えなさい。なお，Bには(1)の図のBと同じ語句が入ります。

① 表は何という権利を表していますか。

② あ〜えにあてはまる語句や数字を書きなさい。

内　容	必要な署名	請求先
（ あ ）の制定，改廃	有権者の（ う ）以上	B
事務の監査		監査委員
（ い ）の解散	有権者の（ え ）[※2]以上	選挙管理委員会
議員・Bの解職		
主要な職員[※1]の解職		B

※1 副知事，副市町村長，選挙管理委員，公安委員，監査委員
※2 有権者数が40万人を超え80万人以下の場合は，40万人を超える分の⅙と40万人の⅓を合計した数。80万人を超える場合は，80万人を超える分の⅛と40万人の⅙と40万人の⅓を合計した数。

(3) 地方公共団体の住民に課せられた責任や義務について，正しいものを次のア〜ウから1つ選びなさい。

ア　住民には条例を守る義務がある。

イ　住民は，国への納税の義務はあるが，地方公共団体への納税の義務はない。

ウ　地域行事に参加することは，住民の義務である。

書きトレ！ 地方議会の議員と首長の両方を直接選挙で選ぶ理由を，「監視」「権力」という語句を用いて，簡単に書きなさい。

(　　　　　　　　　　　　　　　　　　　　　　　　　　　　　　　)

---

(1)	①A
	B
	②
	③
	④
(2)	①
	②あ
	い
	う
	え
(3)	

第2章

教科書95〜96ページ

ヒント ❶ (1)③地方公共団体は独自の財源を持ち，地域独自の法をつくる権限があります。
(3)地方公共団体独自の税金としては，住民税などがあります。

主な政治参加の方法		
	制度あり	制度なし
間接的	選挙	圧力団体
直接的	国民審査 憲法改正の 国民投票 直接請求権	住民運動

（　　）にあてはまる語句を答えよう。

ノートを活用して，くり返し書いて覚えよう。

3 地方財政の現状と課題

教科書 p.97 ～ 98

◉ 地方公共団体の歳出

・（　①　）…地方公共団体が税金などを元に，さまざまな事業を行う働き。→一年間の支出は（　②　）とよばれ，高齢者の福祉や学校の運営，道路の建設などに支出。

◉ 地方公共団体の歳入

・（　③　）…地方公共団体間の格差を減らすために国から配分。

・（　④　）…義務教育や公共事業など，使い方を限定して国から支払われるお金。

・（　⑤　）…住民税・事業税などの**地方税**や公共施設の使用料など，自主的に徴収できる財源。

・（　⑥　）…（　③　）や（　④　）のほか，借金である**地方債**の発行などで得られる財源。

◉ 持続可能な地方財政を目指して／社会の変化と地方自治

・（　⑦　）…税金の使い方や行政の不正などを調査・監視。

①

②

③

④

⑤

⑥

⑦

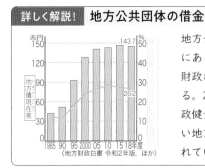

| 詳しく解説！ | **地方公共団体の借金** |

地方公共団体の借金は増える傾向にある。借金を返しきれなくなり，財政が破綻した地方公共団体もある。2007年に制定された自治体財政健全化法により，財政状態の悪い地方公共団体の立て直しが図られている。

地域の歴史や特産品などを元にした「ゆるキャラ」で地域の知名度をおし上げた地方公共団体もあるよ。

・少子高齢化や人口流出などの課題。→福祉の充実や防災・減災の取り組みなど。安心して暮らせるまちづくりが必要。

4 私たちと政治参加

教科書 p.99 ～ 100

◉ 若者の政治離れはなぜ問題か／有権者の選択で政治は変わる

・若い世代の（　⑧　）が，他の世代より低い傾向にある。

　→特に若者には積極的な（　⑨　）が求められる。

・2009年と12年の衆議院議員選挙で，（　⑩　）が交代。

◉ 私たちが決めるこれからの政治

・民主主義では主権者の意思をさまざまな方法で政治に反映可能。

⑧

⑨

⑩

解答▶▶ p.13～14

① 右のグラフを見て，次の問いに答えなさい。

教科書 p.97 ～ 98

(1) グラフは地方公共団体の歳出を表しています。Aは，児童，高齢者，障がい者の福祉施設を整備・運営する費用などです。これらを何費といいますか。

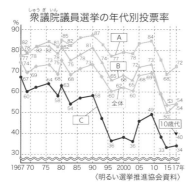

その他 16.0
A 26.2%
衛生費 6.4
総務費 9.5
総額 98兆206億円 (2018年度)
土木費 12.1
B
公債費 12.6
教育費 17.2
〈地方財政白書 令和2年版〉

(2) Bの総務費について，正しい文を次のア～ウから選びなさい。

　ア　地方債を返済するための費用。

　イ　地方公共団体職員の給与などの費用。

　ウ　医療，ごみの収集・処理などの費用。

(3) 老朽化した橋を補修するための支出は，グラフの中のどの費用にあたりますか。

(4) 税金の使い方や行政の不正を，住民からの要求を受けて調査・監視する人を何といいますか。

(5) 財政状態の悪い地方公共団体を立て直すために，2007年に定められた法律を何といいますか。

(1)	費
(2)	
(3)	
(4)	
(5)	

② 右のグラフを見て，次の問いに答えなさい。

教科書 p.99 ～ 100

(1) グラフ中のA～Cにあてはまる語句を，次のア～ウからそれぞれ1つずつ選びなさい。

　ア　20歳代

　イ　40歳代

　ウ　60歳代

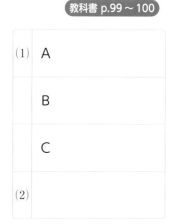

衆議院議員選挙の年代別投票率
A
B
全体
C
10歳代
1967 70 75 80 85 90 95 2000 05 10 15 17年
〈明るい選挙推進協会資料〉

(2) 2015年に改正され，選挙権年齢を18歳以上に引き下げた法律を何といいますか。

(1) A	
B	
C	
(2)	

書きトレ!　地方財政を健全に運営するためにどのようなことが求められていますか，簡単に書きなさい。

〈　　　　　　　　　　　　　　　　　　　　　　　　　　　　　　〉

ヒント　① (2)総務とは組織全体の事務にかかわる業務のことです。

　② (1)若い世代ほど，投票率が低い傾向にあります。

第2部　政治
第2章　民主政治②

❶ 右の図を見て，次の問いに答えなさい。

31点

(1) 図のような地方自治のしくみを何制といいますか。[技]

(2) 図中の①～④にあてはまる語句を書きなさい。[技]

(3) 図中Aについて，次の文章の①～③にあてはまる語句を，下の**ア**～**ウ**から選びなさい。

> 首長は（　①　）と違って，住民が選挙で直接選ぶことができる。（　②　）は，住民が直接参加できる場面が多いことから，（　③　）とよばれている。

ア　民主主義の学校　　**イ**　地方自治
ウ　内閣総理大臣

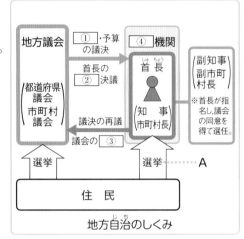

地方自治のしくみ

よく出る (4) 直接請求権で，「首長の解職」「(2)①の制定」を行う場合に，それぞれどのくらいの署名が必要か答えなさい。

❷ 右の表を見て，次の問いに答えなさい。

30点

(1) 右の表は，地方公共団体の歳入を示したものです。①にあてはまる語句を書きなさい。[技]

(2) 表中の②と③はともに国から配分されるお金で，③は使い方が決まっています。それぞれ何といいますか。[技]

(3) ③は主にどんな用途で使われていますか。二つ書きなさい。

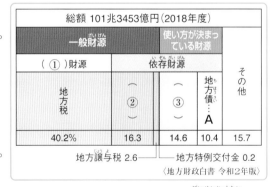

総額 101兆3453億円（2018年度）				
一般財源		使い方が決まっている財源		
（　①　）財源	依存財源			その他
地方税	②	③	地方債　A	
40.2%	16.3	14.6	10.4	15.7

地方譲与税 2.6　　地方特例交付金 0.2
〈地方財政白書 令和2年版〉

(4) 地方公共団体は，表中のAの地方債を発行して借金をしています。しかし，財政状態の悪い地方公共団体もあることから，立て直しのための法律が国によって制定されました。何という法律ですか。

(5) 厳しい財政状況のなか「ふるさと納税」が活用されています。どんな制度か，次の文章の①・②にあてはまる語句を書きなさい。

> 個人が自分の望む地方公共団体に（　①　）した場合に，その一定額分を自分のまちに納める（　②　）などから差し引く制度。2018年度は約5127億円が（　①　）された。

　　成績評価の観点　　[技]…資料活用の技能　　[思]…社会的な思考・判断・表現

❸ 右のグラフを見て，次の問いに答えなさい。

(1) 記述 グラフのように世代ごとの割合が，有権者の数と実際に投票した数で異なるのはなぜですか。技

(2) 記述 政治への無関心は，どんな政府を生み出すと考えられますか，簡単に書きなさい。思

(3) 政治参加の方法について，右の表の①〜③にあてはまる語句を書きなさい。

(4) 市政の重要事項について，住民の意見をくみ取り，地方政治に反映させる手段として注目されている方法を何といいますか。

(5) 記述 近年，一部の地方自治体で，ご当地キャラクターの「ゆるキャラ」が活用されています。どんな効果をもたらしていますか，一つ書きなさい。思

有権者および実際に投票した人の年代別割合

	20〜30歳代	40〜50歳代	60歳以上
有 権 者	24.3%	31.1%	42.0%
	—18〜19歳 2.6%		
実際に投票した人	17.2%	32.1%	48.8%
	—1.9%		

（2017年）〈総務省資料〉

	制度あり	制度なし
間接的	選挙	圧力団体
直接的	（ ① ）審査 （ ② ）改正の国民投票 直接（ ③ ）権	住民運動

❶	(1)		(2) ①			②	
		2点			3点		3点
			③			④	
					3点		3点
	(3) ①		②		③		
		3点		3点		3点	
	(4) (首長の解職)			((2)①の制定)			
					4点		4点
❷	(1)		(2) ②			③	
		4点			4点		4点
	(3)						
			4点				4点
	(4)						
			4点				
	(5) ①		②				
		3点			3点		
❸	(1)						
							8点
	(2)						
							8点
	(3) ①		②		③		
		4点		4点			4点
	(4)						
			3点				
	(5)						
							8点

（　　）にあてはまる語句を答えよう。

ノートを活用して，くり返し書いて覚えよう。

1 経済活動とお金の役割

教科書 p.109～110

◉経済活動とは

・**経済（経済活動）**…（ ① ）と（ ② ）を中心とする人間の活動。

　→モノやサービスを買うことを（ ① ），モノやサービスを
　作り売ることを（ ② ）という。

◉経済を支える分業

・（ ③ ）…多くの人が異なる役割を分担して商品をつくりあ
　げていくこと。

　→必要な分以外についてはモノやサービスと（ ④ ）するこ
　とで，豊かな生活を成り立たせることができる。

①
②
③
④
⑤
⑥
⑦

詳しく解説！　**モノとサービス**

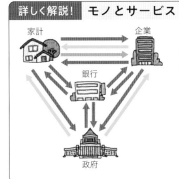
家計　　　　企業
銀行
政府

モノは形があるのに対して，サー
ビスは形のないものである。左の
図のうち，赤はお金，緑はモノと
サービス，青は労働の流れを表し
ている。

◉お金（貨幣）の役割と経済の循環

・（ ⑤ ）…交換・価値尺度・貯蔵の三つの役割がある。

・経済の（ ⑥ ）…経済活動は（ ⑦ ），企業，政府の3者によっ
　て行われ，この3者の間で商品がお金と交換され，（ ⑥ ）している。

お金（貨幣）にはさま
ざまな役割があるん
だね。

2 お金の使い方と経済の考え方

教科書 p.113～114

◉限られた資源の選択

・（ ⑧ ）…経済において人間が利用できるすべて。（ ⑧ ）は限
　られているため，商品の生産や購入において**選択**が行われる。

・（ ⑨ ）…（ ⑧ ）が不足した状態にあること。

◉資源の効率的な配分とは

・**資源の効率的な**（ ⑩ ）…企業の得意分野を生かして，消費者
　の欲求を最も満足させるような資源の組み合わせを選ぶこ
　と。

⑧
⑨
⑩

解答▶▶ p.15

① 次の問いに答えなさい。

教科書 p.109〜110

(1) 貨幣の役割について，次の①〜③の役割は，それぞれ何という役割ですか。あてはまるものを次の**ア〜ウ**からそれぞれ選びなさい。

① 財産を蓄える

② 経済活動や取引をスムーズに行う

③ 商品の価値の大きさを測る

ア 交換　　　**イ** 貯蔵　　　**ウ** 価値尺度

(2) 経済活動を行う三つの存在は何ですか。右の図から選び，三つすべて答えなさい。

(3) 右の図の赤，青，緑の矢印は，何の流れを示していますか。次の**ア〜ウ**からそれぞれ選びなさい。

ア お金

イ 労働

ウ モノやサービス

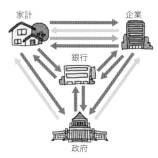

▲経済の循環

(1)	①
	②
	③
(2)	
(3)	赤
	青
	緑

② 次の問いに答えなさい。

教科書 p.113〜114

(1) 資源にあてはまるものを，次の**ア〜ウ**からすべて選びなさい。

ア 土地　　**イ** 時間　　**ウ** 石油

(2) 限られた量しか生産できない商品は，商品を欲しいと思う人すべてに届けられません。このように限りない欲求に対し，資源が不足した状態を何といいますか，書きなさい。

(1)	
(2)	

書きトレ！ 経済活動とはどのような活動ですか。「生産」「消費」の語句を使って，簡単に書きなさい。

(　　　　　　　　　　　　　　　　　　　　　　　　　　　　　　)

ヒント　① (3)家計を基準に，お金や労働，モノやサービスがどのように動いているか考えてみましょう。
　　　　② (1)資源とは，経済において人間が利用できるものすべてを指します。

1節　私たちの生活と経済②

（　　）にあてはまる語句を答えよう。

ノートを活用して，くり返し書いて覚えよう。

❸ 価格の働きと経済

教科書 p.115 〜 116

◉ 価格の働きと市場

・消費者は，価格が高くなるとお金を多く支払う必要があるので，買う量（（ ① ））を減らす。

・企業は，価格が高くなると利益が増えるので，商品を生産する量（（ ② ））を増やす。

・**市場**…さまざまな商品が自由に売買される場。

　→市場で決められる商品の価格を（ ③ ）という。

　→（ ③ ）の変化を通して（ ① ）と（ ② ）が決められていく経済を（ ④ ）という。

・（ ⑤ ）…（ ③ ）のうち，（ ① ）と（ ② ）が一致する価格のこと。

・**需要曲線**…価格が（ ⑥ ）と（ ① ）は減るが，価格が（ ⑦ ）と（ ① ）は増える。

・**供給曲線**…価格が（ ⑦ ）と（ ② ）は減るが，価格が（ ⑥ ）と（ ② ）は増える。

①
②
③
④
⑤
⑥
⑦
⑧
⑨
⑩

詳しく解説！　入荷量と価格の関係

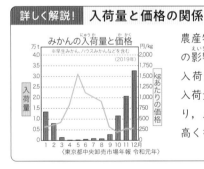

みかんの入荷量と価格
※早生みかん，ハウスみかんなどを含む
（2019年）
〈東京都中央卸売市場年報 令和元年〉

農産物や水産物など，季節や天候の影響を受けやすいものの価格は，入荷量によって大きく変動する。入荷量が多いときは価格が安くなり，入荷量が少ないときは価格が高くなる傾向がみられる。

◉ さまざまな価格の決まり方

・（ ⑧ ）…売り手が一人しかいない状態。

　→一人の売り手が決めた価格は（ ⑧ ）価格という。

・（ ⑨ ）…売り手が少数しかいない状態。

　→少数の売り手が決めた価格は（ ⑨ ）価格という。

・（ ⑩ ）…国や地方公共団体が変更を許可したり，規制したりするモノやサービスの価格。（ ⑩ ）にはエネルギー，交通，通信などが含まれる。

> 需要と供給の関係で価格が決まるんだね。

解答 ▶▶ p.15

第
1
章

教科書
115
〜
116
ページ

1 次の問いに答えなさい。 教科書 p.115〜116

(1) 右の図のAとBの二つの曲線
について，次の問いに答えな
さい。

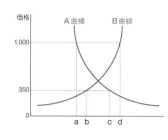

① Aの横軸は，消費者が買う
量を示しています。またB
の横軸は，企業がモノや
サービスをつくる量を示しています。AとBにあてはま
る語句を書きなさい。

② a〜dの状態の説明として正しいものを，次のア〜エか
ら選びなさい。

ア 価格が安いと，お金を多く払わなくて済むのでA量
が増える。

イ 価格が高いと，利益が多く出るのでB量が増える。

ウ 価格が高いと，お金を多く支払うのでA量が減る。

エ 価格が安いと，利益が少なくなるのでB量が減る。

(2) 右のグラフはみかんの入荷量
と価格をあらわしています。
みかんの価格が高いのは入荷
量がどのような状態のときで
すか。

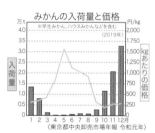

(3) 鉄道運賃や電気料金，水道料
金など，国民の生活を安定させるために，国や地方公共団
体が変更を許可したり規制したりするモノやサービスの
価格を何といいますか。

(1)	①A	
	B	
	②a	
	b	
	c	
	d	
(2)		
(3)		

書きトレ! 市場経済とはどのようなしくみですか。「市場価格」の語句を使って，簡単に書き
なさい。

( )

2節　消費者と経済

家計に占める支出の割合

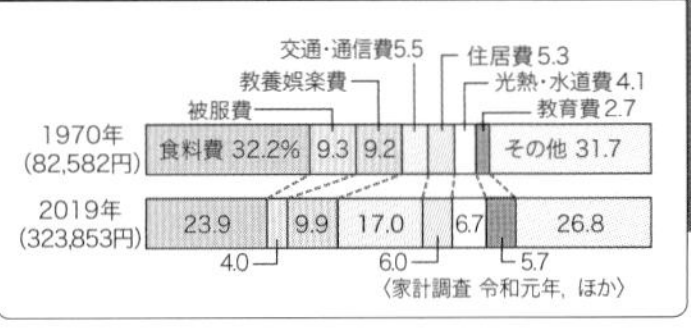
交通・通信費5.5
住居費5.3
教養娯楽費
光熱・水道費4.1
被服費
教育費2.7
1970年 (82,582円)
食料費 32.2%
9.3
9.2
その他 31.7
2019年 (323,853円)
23.9
9.9
17.0
6.7
26.8
4.0
6.0
5.7
〈家計調査 令和元年，ほか〉

(　　)にあてはまる語句を答えよう。

ノートを活用して，くり返し書いて覚えよう。

1 家計の収入と支出

教科書 p.117～118

家計の収入／家計の支出と貯蓄

・家計(消費者)…個人や家族などの経済活動の単位。

→(　①　)…家計に入る収入のこと。日本では給与(　①　)が中心の家計が最も多い。

> **詳しく解説!　所得の種類**
>
> 所得の種類には，会社などで働いて得る給与所得のほかにも，株式の配当などの財産所得，個人で農業や商店，工場などを経営して得る事業所得などがある。

・(　②　)…(　①　)の一部のお金をためておくこと。

将来を見据えた選択

・(　③　)カード…代金を後払いで決済するカード。

・(　④　)**決済**…現金を使わない支払いのこと。

①

②

③

④

現金以外での買い物は，買いすぎなどに注意が必要だね。

2 消費生活と流通の関わり

教科書 p.119～120

流通とは／私たちと流通

・(　⑤　)…生産された商品を購入するまでの流れ。

→その中心である商業は，商品を消費者に売る(　⑥　)と生産者から商品を買い，小売店に売る(　⑦　)からなる。

・最近ではインターネットを利用した**通信販売**も増えている。

⑤

⑥

⑦

3 消費者問題と政府の取り組み

教科書 p.121～122

契約を結ぶということ／消費者を巡る問題

・(　⑧　)…商品を売る人と，それを買いたい人の意思が一致し，売買が成立すること。消費者に対し，不適切な方法で(　⑧　)を結ばせるなど，消費者被害も起きている。

自立した消費者となるために

・(　⑨　)…1968年に制定された消費者保護基本法が，2004年に改正されてできた法律。消費者の自立支援を基本理念とする。

・(　⑩　)(**PL法**)…商品の欠陥によって損害を受けたとき，製造者の過失を証明しなくても賠償を請求できる。

・(　⑪　)の制度…訪問販売などによって意に沿わない契約をした場合に，一定期間内であれば無条件で解約できる制度。

⑧

⑨

⑩

⑪

解答▶▶ p.16

2節　消費者と経済

1 次の問いに答えなさい。

教科書 p.117〜118

(1) グラフは1970年と2019年の家計に占める支出の割合を表したものです。

① Aの支出は何ですか。

② 50年近く前と比較して支出の割合が約3倍に増えた項目は何ですか。

家計に占める支出の割合

交通・通信費5.5　　住居費5.3
教養娯楽費　　　　　　光熱・水道費4.1
被服費　　　　　　　　教育費2.7

1970年 (82,582円)　A 32.2%　9.3　9.2　　その他 31.7

2019年 (323,853円)　23.9　9.9　17.0　6.7　26.8
　　　　　　　　　　4.0　　6.0　　5.7

〈家計調査 令和元年, ほか〉

(2) 可処分所得の正しい説明を，ア〜ウから選びなさい。

ア　所得のうちの食料費が占める割合。　　イ　所得から税金と社会保険料を引いた額。

ウ　所得から交通・通信費を引いた額。

(1)	①	
	②	
(2)		

2 次の問いに答えなさい。

教科書 p.119〜120

(1) 図中の流通の中心となる商業AとBにあてはまる語句をア・イから選びなさい。

ア　小売業　　イ　卸売業

(2) 図のように，商品が売れた数量や時間，客の性別などの情報を，レジやバーコードから集計・管理するしくみを何といいますか。

フィードバック (在庫,商品陳列管理など)
POS情報
本部(ホストコンピュータ)
生産・出荷指示
納品
(A)　(B)

(1)	A	
	B	
(2)		

3 次の問いに答えなさい。

教科書 p.121〜122

(1) ケネディ大統領が唱えた消費者の四つの権利は，安全を求める権利，知らされる権利，意見を聞いてもらう権利と，あと1つは何ですか，答えなさい。

(2) 商品について事実と異なる説明があった場合に，1年以内なら契約の取り消しを可能にする法律を何といいますか。

| (1) | |
| (2) | |

書きトレ！ クーリング・オフのしくみを，「訪問販売」「無条件」の語句を使って，簡単に書きなさい。

ヒント　　1 (1)②それぞれの年の消費支出の内訳における割合の変化をみてみましょう。

2 (2)Point of saleの略です。

解答▶▶ p.16　　61

時間30分　／100点　合格70点

❶ 次の問いに答えなさい。

40点

(1) 右のグラフ1は生産者と消費者の観点から市場価格の変化を表したものです。A〜Cにあてはまる言葉を，次のア〜ウから選びなさい。技
ア 供給　イ 需要　ウ 均衡

(2) 右のグラフ1中のDについて，次の問いに答えなさい。

① Dの状態のときにおこりやすい，少数の生産者で決める価格を何といいますか。技

② 次の文は価格が①の状態のときにおこることを説明しています。文中のア，イにあてはまる語句を書きなさい。

> 売り手が社会にとっての（　ア　）性や消費者の（　イ　）性を考えずに価格を決めないよう，政府の取り組みが求められる場合がある。

(3) 記述 右のグラフ2では，夏場にみかんの価格が高くなっています。その理由について説明しなさい。思

グラフ1

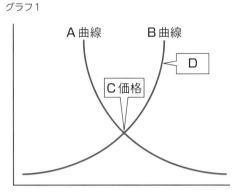

A曲線　B曲線
D
C価格

グラフ2

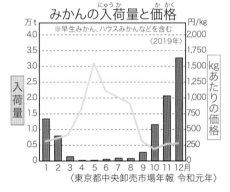

みかんの入荷量と価格
※早生みかん、ハウスみかんなどを含む
〈2019年〉
万t／円/kg
入荷量／kgあたりの価格
1 2 3 4 5 6 7 8 9 10 11 12月
〈東京都中央卸売市場年報 令和元年〉

❷ 次の問いに答えなさい。

16点

(1) 流通の時間や費用を減らす試みを，次のア〜ウからすべて選びなさい。

ア 自社ブランド（PB）をつくり，生産から販売まで自社で行う。

イ 輸送業や倉庫業を，なるべく細かく分けて分業する。

ウ 生産者が価格を決定する直売所で，野菜を販売する。

(2) 記述 右の図はPOSシステムといって商品の売れた量や時間などの情報を集計して，管理するしくみです。その情報が広告にどのように生かされているかについて，簡単に書きなさい。思

フィードバック（在庫,商品陳列管理など）
POS情報
本部(ホストコンピュータ)
生産・出荷指示
業者　納品　各店舗

　成績評価の観点　技…資料活用の技能　思…社会的な思考・判断・表現

❸ 右のグラフを見て，次の問いに答えなさい。

24点

(1) Aの支出は何費ですか。

(2) 1970年と2019年のAの金額はどちらが大きいか，答えなさい。技

(3) グラフ中のBについて，次の問いに答えなさい。

① Bは1970年から2019年にかけて，支出の割合が大幅に増えています。Bの支出は何ですか。

② ①が増加した理由として考えられるライフスタイルの変化を，次のア～エからすべて選びなさい。

ア 携帯電話の所有率が上がった。　　イ 高校進学率が上昇した。

ウ インターネットが普及した。　　エ 消費者を守る制度が整備された。

家計に占める支出の割合

		教養娯楽費		B 5.5 住居費 5.3		光熱・水道費 4.1 教育費 2.7	
被服費							
1970年 (82,582円)	A 32.2%	9.3	9.2			その他 31.7	
2019年 (323,853円)	23.9	9.9	17.0	6.7		26.8	

4.0　　6.0　　5.7

〈家計調査 令和元年，ほか〉

❹ 次の文章を読んで，あとの問いに答えなさい。

20点

　　ₐPL法は，消費者の権利を守り，被害を被ったときに賠償請求をしやすくした法律です。また，悪質な契約を解除請求できる♭消費者契約法や，国民生活センター・消費生活センターなどは，消費者を守る取り組みとして政府が整備しました。

(1) aの法律について，次の問いに答えなさい。

① 正式名称を書きなさい。

② aの法律の施行前と施行後を表した状況を，次のア～ウから一つずつ選びなさい。思

ア 購入したばかりの自転車が壊れたので，お店で新品の自転車と交換した。

イ 飲み物に有害な薬品が入っていたことが分かったので，医療費を請求した。

ウ 食べ物に異物が入っていたが，お店がそのことを認識していたか証明が必要だ。

(2) bの法律では，商品や契約に不備があった場合，何か月以内なら解約できるとされていますか。

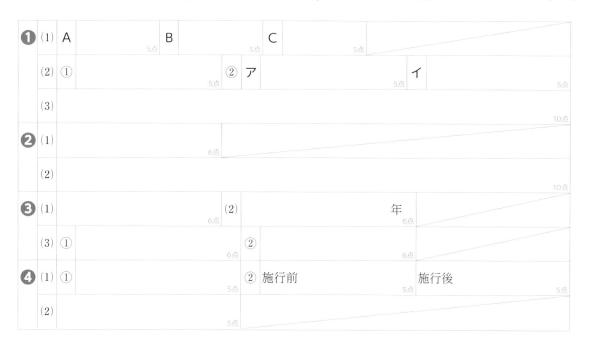

❶	(1)	A		B		C		
			5点		5点		5点	
	(2)	①		② ア			イ	
			5点			5点		5点
	(3)							10点
❷	(1)				6点			
	(2)							10点
❸	(1)		6点	(2)		年 6点		
	(3)	①	6点	②		6点		
❹	(1)	①	5点	② 施行前		5点 施行後		5点
	(2)		5点					

解答▶▶ p.16～17

ぴたトレ 1
要点チェック

第3部　経済　　第1章　市場経済

3節　企業と経済①

利益(利潤)のしくみ

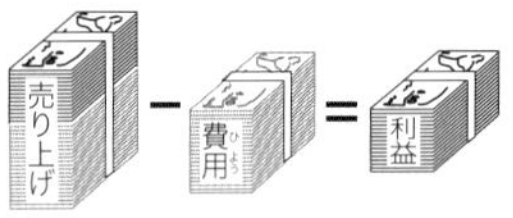

売り上げ
費用
利益

(　　)にあてはまる語句を答えよう。
ノートを活用して，くり返し書いて覚えよう。

1 私たちの生活と企業

教科書 p.127〜128

企業とは何か

・(①)(生産者)…さまざまなモノやサービスを生産している組織や個人のこと。

→(①)は，新たな商品の開発・生産を行ったり，技術の開発を行うなどの(②)にも取り組んでいる。

私たちと企業／企業活動の目的

・(③)…みずから新しく企業をおこすこと。
・企業が生産を行うためには(④)・(⑤)・(⑥)の3つの資源が必要。
・(④)…店舗や工場などを建てるのに必要。
・(⑤)…働く人々。
・(⑥)…工場・機械・資金など。

→限りある資源をどれだけ使うか選択しながら，多くの利益(**利潤**)を得るために生産を行う。

①
②
③
④
⑤
⑥

2 企業活動のしくみ

教科書 p.129〜130

私企業と公企業／大企業と中小企業

・(⑦)…民間が経営する企業。
・(⑧)…国や地方公共団体が経営する企業。

→(⑦)は資本金や従業員数といった規模に応じた，**大企業**と**中小企業**に分類される。

・(⑨)**企業**…新たな技術やビジネスモデルで挑戦する企業。

詳しく解説!　中小企業

製造業における大企業と中小企業

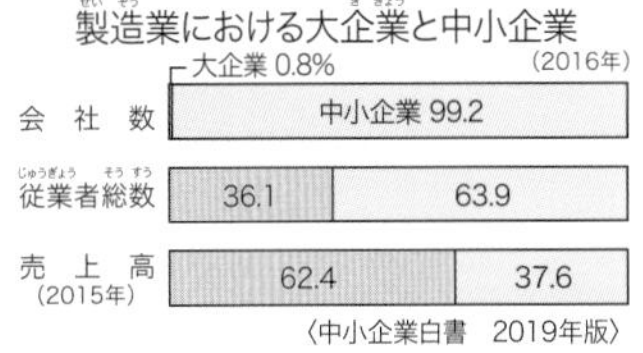

大企業 0.8%
(2016年)
会社数
中小企業 99.2
従業者総数
36.1
63.9
売上高
(2015年)
62.4
37.6

〈中小企業白書　2019年版〉

日本の全企業の約99%，雇用全体の6割以上は中小企業となっており，中小企業は日本の雇用を支えているといえる。

株式会社のしくみ

・**株式会社**…(⑩)を発行して，資金を集める。(⑩)を購入した個人や法人を(⑪)という。株式会社の経営の基本方針は(⑫)で決められる。また，(⑪)は保有する(⑩)数に応じて，会社が得た利益の一部が(⑬)として支払われる。

⑦
⑧
⑨
⑩
⑪
⑫
⑬

解答▶▶ p.17

ぴたトレ 2 練習

3節　企業と経済①

教科書 p.127〜130 ページ

① 次の問いに答えなさい。

教科書 p.127〜128

(1) 企業が生産を行うために必要となるものを，三つすべて答えなさい。

(2) 企業が得る利益とはどのようなものですか，あてはまるものを次のア〜ウから選びなさい。

　ア　売り上げに，かかった費用を加えたもの。

　イ　売り上げから，かかった費用を差し引いたもの。

　ウ　売り上げと，かかった費用をかけあわせたもの。

(1)	
(2)	

② 次の問いに答えなさい。

教科書 p.129〜130

(1) 公企業にあてはまるものを，次のア〜ウから選びなさい。

　ア　農家　　イ　合同会社　　ウ　市営バス

(2) 製造業における会社数は大企業と中小企業ではどちらが多いですか。グラフを見て答えなさい。

▲製造業における大企業と中小企業

（中小企業白書　2019年版）

(3) 株主が出席して，経営の基本方針に意見を述べられる場は何ですか。

(4) 株式に関する説明として，正しいものを，次のア・イから選びなさい。

　ア　一度，購入すると，売ることはできない。

　イ　株式の価格は需要と供給により変動する。

(1)	
(2)	
(3)	
(4)	

書きトレ！ 中小企業とはどのような企業ですか。「資本金」「従業員数」の語句を使って，簡単に書きなさい。

（　　　　　　　　　　　　　　　　　　　　　　　　　　　　　　　　　　）

ヒント　① (1)生産を行うためには店舗を建てる場所やそこで働く人などが必要です。
　　　　② (1)公企業とは国や地方公共団体が経営しているものです。

解答▶▶ p.17

3節　企業と経済②

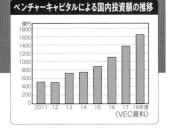

ベンチャーキャピタルによる国内投資額の推移

（　）にあてはまる語句を答えよう。

ノートを活用して，くり返し書いて覚えよう。

3 金融のしくみと働き

教科書 p.131 ～ 132

◉企業と金融

・（　①　）…お金が余っている家計や企業から，お金の足りない
家計や企業にお金を融通するしくみ。

　→（　①　）には，**銀行**などの**金融機関**からの借り入れで資金を
集める（　②　）**金融**と，企業が株式や債券の発行などにより資
金を集める（　③　）**金融**がある。

・金融機関…銀行など。家計や企業にお金を貸し出し，返済に
あたって（　④　）が上乗せされた金額を受け取る。

◉金融の働き

・（　⑤　）…ベンチャー企業に対して積極的に資金を提供したり，
事業への助言を行うこと。

◉新しい金融

・（　⑥　）…情報通信技術(ICT)と金融が融合したもの。スマートフォンを使った支払いなど。

①
②
③
④
⑤
⑥

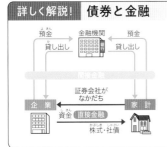

詳しく解説！　債券と金融

お金を借りたことの「証明書」を
債券という。国が発行したものは
国債といい，企業が発行したもの
は社債という。債券は金融機関を
通して資金を調達する直接金融に
含まれる。

金融にはいろいろな
働きがあるんだね。

4 企業競争の役割

教科書 p.135 ～ 136

◉なぜ競争か

・企業は売り上げや利益を増やすために，他の企業と（　⑦　）し
ている。企業間での（　⑦　）はよい商品を生産することにもつ
ながる。

◉競争が起きにくい状況／公正な競争の確保

・（　⑧　）…寡占状態にある市場でみられる，企業どうしが
（　⑦　）せず，話し合って価格を高く維持する行為。

・（　⑨　）…1947年に制定された，企業の健全な（　⑦　）を保つた
めの法律。

　→（　⑩　）という機関は，（　⑨　）を実際に運用し，不正な行為を監視している。

⑦
⑧
⑨
⑩

解答▶▶ p.17

第1章

教科書131〜136ページ

1 次の問いに答えなさい。

教科書 p.131〜132

(1) 右の図のAとBにあてはまる語句を答えなさい。

(2) 右の図の貸し出しにおいて，返済の際に上乗せされるものを書きなさい。

(3) 日本政策投資銀行や日本政策金融公庫は，金融機関の種類としては何にあてはまりますか，正しいものを次のア〜エから選びなさい。

　ア　中央銀行　　　イ　証券会社
　ウ　ノンバンク　　エ　公的金融機関

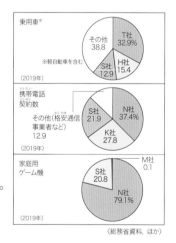

▲金融のしくみ

(1)	A
	B
(2)	
(3)	

2 次の問いに答えなさい。

教科書 p.135〜136

(1) 右のグラフのうち，最も生産が集中しているものはどれですか，書きなさい。

(2) 生産が集中して寡占状態になると，健全な競争が保たれなくなる場合があります。健全な競争を保つため，1947年に制定された法律を書きなさい。

(3) (2)の法律を実際に運用し，不正な行為を監視する機関の名前を書きなさい。

乗用車※
T社 32.9%
その他 38.8
※軽自動車を含む
H社 15.4
S社 12.9
(2019年)

携帯電話契約数
N社 37.4%
S社 21.9
その他（格安通信事業者など）12.9
K社 27.8
(2019年)

家庭用ゲーム機
M社 0.1
S社 20.8
N社 79.1%
(2019年)

〈総務省資料，ほか〉

(1)	
(2)	
(3)	

書きトレ! 企業が競争することの長所を「経済」「成長」の語句を使って，簡単に書きなさい。

(　　　　　　　　　　　　　　　　　　　　　　　　　　)

ヒント　1 (3)日本政策投資銀行や日本政策金融公庫は，財務省が所管しています。
　　　　2 (1)上位3社までの生産割合が最も高いものはどれか考えましょう。

3節　企業と経済③

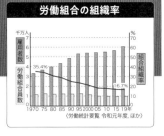

労働組合の組織率

〈労働統計要覧 令和元年度, ほか〉

（　　）にあてはまる語句を答えよう。

ノートを活用して，くり返し書いて覚えよう。

5 働くことの意義と労働者の権利

教科書 p.137～138

�働くことの意義／企業と労働者

・**労働基本権（労働三権）**…労働者の権利を守るため，日本国憲法で保障されている。

→労働条件の最低基準が（　①　）で定められており，（　②　）を結成する権利を認めた（　②　）法，労働者と使用者の対立を予防・解決するための（　③　）が定められている。

◆働く機会の提供

・（　④　）…職場での男女平等が定められた法律。1986年施行。

> 詳しく解説！ **高齢者の雇用**
> 希望者全員が65歳まで働くことができる制度を整えることが，企業に対し法律で義務づけられている。

①
②
③
④

労働についてのいろいろな法律があるね。

6 労働環境の変化と私たち

教科書 p.139～140

◆労働環境の変化／仕事と生活の調和

・（　⑤　）…一つの企業で定年まで働く雇用形態。

→アルバイトやパートタイマーなどの（　⑥　）の形態も増えている。

・（　⑦　）型賃金…年齢とともに賃金が上昇する賃金形態。

→近年は，仕事の成果に応じて賃金を支払う（　⑧　）などの新たな制度を採用する企業もみられる。

・**ワーク・ライフ・バランス**…仕事と生活の調和。

→性別を問わず育児・介護休暇を取得でき，仕事に復帰しやすくなるよう，（　⑨　）が改正されている。

⑤
⑥
⑦
⑧
⑨

7 企業の社会的責任

教科書 p.141～142

◆企業の義務と社会的責任／市場への責任

・企業は優れた商品を安く提供して消費者の生活を豊かにするだけでなく，従業員が働きやすい職場環境の整備などのさまざまな**社会的責任**を果たしている。

◆国際社会への責任

・（　⑩　）…人権や環境問題へ積極的に取り組む企業に投資し，配慮が不十分な企業に投資しない場合もある。

⑩

解答▶▶ p.17

① 次の問いに答えなさい。

教科書 p.137〜138

(1) 労働基準法の内容として間違っているものを，次の**ア〜エ**からすべて選びなさい。

ア　16歳未満の児童を使用してはならない。

イ　労働時間は週40時間，1日8時間以内。

ウ　労働条件の決定では，労働者と使用者は対等。

エ　生後1年間は1日3時間以上の育児時間を請求できる。

(2) 女性労働者の状況として右のグラフから分かることを，次の**ア〜ウ**から選びなさい。

ア　1985年にくらべ2018年は，日本の20〜30歳代の女性の労働力が増えた。

イ　女性労働者が増えることにより，全体の労働時間は以前より少なくなっている。

ウ　ヨーロッパ諸国の女性労働者は，非正規雇用が多い。

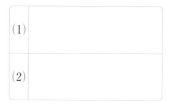

(1)	
(2)	

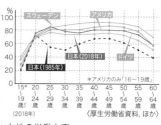

▲女性の労働力率

② 次の問いに答えなさい。

教科書 p.139〜142

(1) 一つの企業で定年まで働く雇用形態を何といいますか。

(2) 右の図は就業者の年間労働時間の変化を示しています。日本の労働者の年間就業時間は，1990年から2018年にかけて何時間減少しましたか。右のグラフを見て，答えなさい。

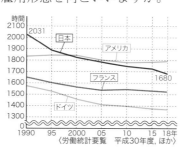

▲就業者の年間労働時間の国際比較

(3) 企業の社会的責任のことを，何といいますか。アルファベット3文字で書きなさい。

(1)	
(2)	時間
(3)	

書きトレ! ワーク・ライフ・バランスの意味を，「仕事」「生活」の語句を使って，簡単に書きなさい。

(　　　　　　　　　　　　　　　　　　　　　　　　　　　　　　　)

ヒント　① (2)男女雇用機会均等法は，1986年に施行されました。
　　　　② (2)グラフから，1990年が2031時間，2018年が1680時間とわかります。

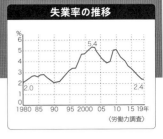

失業率の推移

（労働力調査）

（　）にあてはまる語句を答えよう。

ノートを活用して，くり返し書いて覚えよう。

1 景気の変動とその影響

教科書 p.145 ～ 146

◉景気の変動とその影響

・景気変動…（　①　）⇒景気の後退⇒（　②　）⇒景気の回復…と景気は変化する。

→（　①　）…企業の売り上げが増えて賃金が増え，家計の消費が増える。

→（　②　）…企業の売り上げが減って賃金が減り，家計の消費が落ち込む。失業者が増える。

◉経済成長と景気変動

・（　③　）（GDP）…1年間に国内で生産されたモノやサービスの金額から，その原材料などの金額を差し引いた付加価値を合計したもの。→GDPが増えていくことを（　④　）という。

◉物価の変動とその影響

・物価…多くの商品の価格の平均。→物価が上がり続ける現象を（　⑤　），物価が下がり続ける現象を（　⑥　）という。

①

②

③

④

⑤

⑥

2 日本銀行と金融政策

教科書 p.147 ～ 148

◉日本銀行の役割

・（　⑦　）…日本の中央銀行。

→（　⑦　）は，紙幣を発行できる唯一の銀行である「（　⑧　）」，政府のお金を出し入れする「（　⑨　）」，金融機関から余ったお金を預かったりお金が不足する金融機関に貸し出す「（　⑩　）」である。

◉日本銀行の金融政策／近年の金融政策

・（　⑪　）…日本銀行が行う，物価の変動を抑え，景気の変動を安定化させる政策のこと。

| 詳しく解説! | 日本銀行の金融政策 |

日本銀行は，景気が過熱するときは一般の金融機関に国債を売って現金を回収し，景気が悪いときには一般の金融機関から国債を買って現金を供給するかたちで，世の中に出回るお金の量を調整し，景気をコントロールしている。

⑦

⑧

⑨

⑩

⑪

世の中に出回るお金の量と景気は関係があるんだね。

解答▶▶ p.18

1 次の問いに答えなさい。

教科書 p.145〜146

(1) 右の図のAにあてはまる景気がよい状態を漢字2字で何といいますか。

(2) 右の図のAの状態になると，雇用はどうなりますか，あてはまるものを次のア〜ウから選びなさい。

　ア　雇用縮小　　イ　雇用拡大　　ウ　雇用横ばい

(3) 不況のときに行われる，生産を縮小するため従業員の数を減らすことをカタカナで何といいますか。

(4) Aの状態のときに起こりやすい，物価が上がり続ける現象を何といいますか。

賃金上昇　　　　生産縮小

A　景気後退　　不況

景気回復

生産拡大　　　　賃金下降

(1)	
(2)	
(3)	
(4)	

2 次の問いに答えなさい。

教科書 p.147〜148

(1) 右の図中のAとBにあてはまる，日本銀行の役割を示す語句を書きなさい。

(2) 景気を安定させるために，日本銀行が行うことを何といいますか。

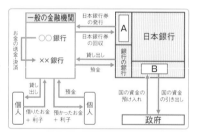

(3) (2)で行われる内容として正しいものを，次のア〜ウから一つ選びなさい。

　ア　世の中に出回るお金の量を，国債の取引などで調節する。

　イ　景気が悪いときは，企業の株式を購入する。

　ウ　景気が過熱しているときは，一般の人にお金を貸し出す。

(1)	A
	B
(2)	
(3)	

書きトレ! 日本銀行が金融政策を行う理由について，「物価」「景気」の語句を使って，簡単に書きなさい。

(　　　　　　　　　　　　　　　　　　　　　　　　　　　　　)

ヒント 　1 (2)景気が良いと雇用は増え，景気が悪いと雇用は減ります。
　　　　 2 (3)日本銀行は公開市場操作を行っています。

解答▶▶ p.18　　71

4節　これからの日本経済②

産業別国内総生産の推移

	第1次産業	第2次産業	第3次産業
1960年 16兆100億円	13.8%	43.9	42.3
1985年 323兆5410億円	3.4	38.5	58.1
2018年 547兆1255億円	1.2	26.6	72.2

〈2018年度国民経済計算, ほか〉

（　　）にあてはまる語句を答えよう。

ノートを活用して，くり返し書いて覚えよう。

3 グローバル化と日本経済　　　　　　　　教科書 p.149〜150

◉ **為替の変動とその影響**

・（　①　）…異なる通貨を交換する際の比率。

　→外国の通貨(外貨)に対して円の価値が高くなることを
　（　②　），低くなることを（　③　）という。

◉ **企業の海外進出とその影響／企業の多国籍化と危機の広がり**

・（　④　）…輸出だけでなく海外にも工場を移して生産している
　企業のこと。

　→工場を海外に移転することで産業が衰退(（　⑤　）)するお
　それがある。

詳しく解説!	**円高・円安が私たちの生活に与える影響**

円高になると輸出企業にとっては，同じ商品でも外貨の価格が上が
るため競争上不利になり，輸入企業にとっては有利になります。一方，
日本から海外旅行に行くと，海外の商品を安く買えるなど有利にな
ります。円安の場合は円高とは逆の状態となります。

①

②

③

④

⑤

円高や円安は私たち
の生活に大きな影響
があるんだね。

4 これからの日本の経済と私たち　　　　　　教科書 p.151〜152

◉ **経済活動のデジタル化**

・**経済活動の**（　⑥　）…さまざまな経済活動がネットを通じて提
供されていく現象のこと。

　→民泊やライドシェアなど，ある人が持つモノやサービスを，
情報通信技術を通じてそれを利用したい人につなぐしくみ
である（　⑦　）が注目されている。

◉ **人工知能(AI)の普及と課題**

・（　⑧　）…膨大なデータを使ってみずから学習する（　⑧　）が，
人間に代わってさまざまなサービスを提供することが予想
されている。

◉ **国際貿易と農業**

・日本では，外国産の安い農産物が多く輸入されるようになり，
（　⑨　）が低下している。

　→日本は（　⑩　）11協定を結び，貿易の自由化を進めている。

⑥

⑦

⑧

⑨

⑩

解答▶▶ p.18

❶ 次の問いに答えなさい。

教科書 p.149〜150

(1) 日本の円と海外のお金の交換比率は何とよばれていますか。

(2) 円高の状態で起こると予想される状況を，下の**ア〜オ**からすべて選びなさい。

　ア　ヨーロッパ製のトランペットが買いやすくなる。

　イ　日本製の自動車の海外への輸出量が増える。

　ウ　製品生産に必要な金属の輸入コストが高くなる。

　エ　海外の人が日本に旅行しやすくなる。

　オ　日本から海外へ旅行しやすくなる。

(3) 日本で1台100万円の自動車を海外へ輸出するとき，1ドル＝100円の場合は1万ドルで売られます。円高となり1ドル＝80円となった場合，海外ではいくらで売られることになりますか，金額を答えなさい。

(4) 右のグラフを見て，日本企業が海外に工場などを建設する理由の一つとして考えられることを，次の**ア・イ**から選びなさい。

　ア　賃金が安い国に工場を建設すると，人件費が抑えられ，生産費も抑えられるから。

　イ　賃金が高い国に工場を建設すると，短い労働時間で，多くの商品を生産できるから。

(1)	
(2)	
(3)	
(4)	

▲日本と主な国の賃金

❷ 次の問いに答えなさい。

教科書 p.151〜152

(1) 日本の農業が抱える課題にあてはまらないものを，次の**ア〜ウ**から1つ選びなさい。

　ア　農地の不足　　**イ**　後継者不足

　ウ　生産者の高齢化

(2) シェアリングエコノミーにあてはまるものを，次の**ア〜ウ**から1つ選びなさい。

　ア　無人のコンビニエンスストア　　**イ**　車の自動運転　　**ウ**　民泊

(1)	
(2)	

書きトレ! 工場の海外移転が進むと国内ではどのような問題が起きますか，簡単に書きなさい。

(　　　　　　　　　　　　　　　　　　　　　　　　　　　　　　　　)

ヒント ❶ (3)1ドル＝100円のとき，100万円の車は100万円÷100＝1万ドルで輸出されます。

❷ (1)農業従事者が減って，休耕地が増えています。

❶ 右の資料は，株式会社のしくみを表したものです。①〜⑤にあてはまる語句を，次のア〜オから選びなさい。技　　　　　15点

ア　株主総会　　イ　配当
ウ　株式　　　　エ　資金
オ　証券取引所

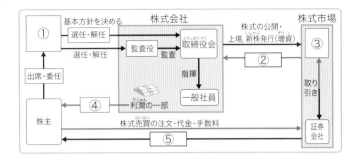

❷ 右のグラフを見て，次の問いに答えなさい。　　　　20点

(1) 記述 Aについて，日本経済が好況(好景気)な時期です。この時期の企業と雇用，生産と賃金の特徴を簡単に書きなさい。思

(2) Bについて，次の問いに答えなさい。
　① Bの時期に発生する傾向のある，物価が下がり続ける現象の正式名称を書きなさい。
　② Bの時期に日本銀行が国債を使って行う，金融政策の流れを示した次のア〜ウを，正しい順に並べなさい。
　　ア　一般銀行は，企業や家計へ融資するお金ができる。
　　イ　日本銀行が一般銀行から国債を購入する。
　　ウ　市場への融資が増え，市場にお金が多く流通する。

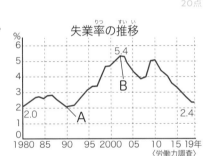

失業率の推移

❸ 次の問いに答えなさい。　　　　30点

(1) 次のア〜ウについて，円高の場合に有利になるものにはA，円安の場合に有利になるものにはBを書きなさい。
　ア　アメリカから日本へ旅行する。
　イ　日本の企業がアメリカに自動車を輸出する。
　ウ　日本でアメリカの自動車を買う。

(2) 金融機関の役割の説明として正しいものを，次のア〜エからすべて選びなさい。
　ア　企業や家計へお金を融資するときは，利子をつけて行う。
　イ　日本銀行は，国の中央銀行として紙幣の発券や政府の銀行の役割を担う。
　ウ　日本銀行は，国債や株価の変動を調整することで金融政策を行う。
　エ　信用金庫や証券会社は，金融機関の種類の中では普通銀行に分類される。

(3) 記述 寡占状態の市場などで見られることがあるカルテルとはどのような行為ですか。「価格」「競争」という語句を用いて書きなさい。思

❹ 次の文章を読んで，あとの問いに答えなさい。 35点

> 日本国憲法に示された労働者の基本的な権利である（　A　）を保障するための法律として，労働基準法，労働組合法，（　B　）が定められている。欧米諸国に比べて女性労働力率の低い日本では，1986年に _a職場での男女平等を定める法律も施行された。
>
> また，近年では厳しい企業間の競争に対応するため，_b働き方や賃金制度も変化しているが，_cさまざまな課題も残っており，ワーク・ライフ・バランスの実現が求められている。

(1) A・Bにあてはまる語句を書きなさい。

(2) 下線部 a の法律の名前を書きなさい。

(3) ① 記述 下線部 b について，かつての日本ではどのような働き方と賃金制度が多かったですか。簡単に書きなさい。思

　　② 近年増えている働き方や賃金制度と，その説明について，正しいものをア～ウから選びなさい。

　　　ア　フリーランス ― 企業に勤め，毎月決まった賃金を得る。

　　　イ　成果主義 ― 仕事の成果に応じて賃金を支払う。

　　　ウ　テレワーク ― コールセンターなどで電話応対をする。

(4) 下線部 c について，労働における課題を解決するための方法としてあてはまらないものを，ア～ウから選びなさい。

　　ア　育児・介護休暇を取得しやすいよう，法律を改正する。

　　イ　同一の業務であっても正規雇用者と非正規雇用者の賃金に差をつける。

　　ウ　残業時間に上限を設け，違反した企業には罰則を科す。

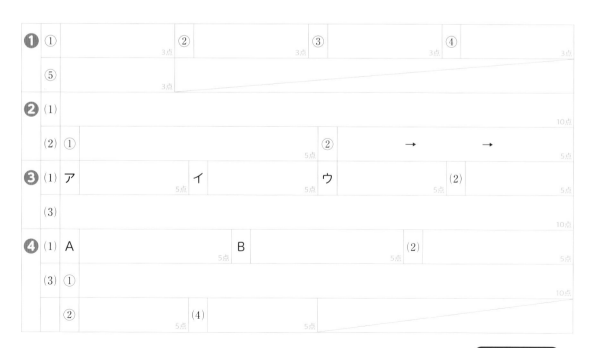

第2章　財政①

（　　）にあてはまる語句を答えよう。

ノートを活用して，くり返し書いて覚えよう。

1 私たちの生活と財政

教科書 p.157 ~ 158

◉私たちと公共サービス

・（ ① ）…**政府**が家計や企業から**税金**を集めて，国民にさまざまなモノやサービスを提供するはたらき。

◉所得の再分配／財政政策と経済成長

・（ ② ）の提供…外交，教育など民間企業では供給が難しいもの。

・所得の格差の是正…豊かな人から税金を多く徴収し，高齢者や生活困窮者を支える。

・（ ③ ）…税や財政支出の増減を通じて景気を安定化させる。
　→景気が悪い時に政府は道路や橋の建設などの（ ④ ）を行ったり，減税をしたりして景気回復を促す。

①
②
③
④

2 国の支出と収入

教科書 p.159 ~ 160

◉日本の歳出と歳入

・**歳出**…政府の支出のこと。医療・年金などの（ ⑤ ），学校教育，公共事業，災害対策，防衛費などが含まれる。

・**歳入**…政府の収入のこと。約6割を所得税や消費税，法人税などの（ ⑥ ）が占め，不足分は（ ⑦ ）を発行し財源調達。

◉日本の税金／◉税金の公平性／◉私たちと税金

・（ ⑧ ）…税金を納める人と負担する人が異なる税金。**消費税**に代表される消費課税は，消費者に代わり売り手(事業者)が税を納める。

・（ ⑨ ）…税金を納める人と負担する人が同じ税金。所得課税や資産課税など。
　→所得税は，所得の高い人ほど所得に占める税金の割合が高くなる（ ⑩ ）のため，納税後の所得格差を小さくする効果がある。

⑤
⑥
⑦
⑧
⑨
⑩

詳しく解説！　日本の歳出と歳入

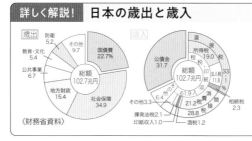

〈財務省資料〉

2020年度の日本の歳入のうち，31.7%が公債金（国の借金）で，歳出のうち22.7%が国債費（借金の返済）に充てられている。

解答 ▶▶ p.19

① 次の問いに答えなさい。

教科書 p.157〜158

(1) 右の図のＡ〜Ｃにあてはま
る語句を，次のア〜エから
選びなさい。
ア　歳入減　　イ　歳入増
ウ　歳出増　　エ　歳出減

(2) 右の図のように政府が景気
の変動を安定化させる政策
を何といいますか。

(3) 政府が国民にモノやサービスを提供するために，家計や企業から集めているものを，上の図の語句から選び，答えなさい。

図：
	景気が悪いとき	景気が過熱するとき
景気の変動		

財政政策の例	景気の回復を促す	景気の行き過ぎを防ぐ
公共事業〈歳出〉	増やす(雇用の創出) A	減らす B
税金〈歳入〉	減らす(減税) C	増やす(増税)〈歳入増🅳〉

(1)	A
	B
	C
(2)	
(3)	

② 次の問いに答えなさい。

教科書 p.159〜160

(1) 右のグラフのＡ〜Ｃにあてはまる語句を，次のア〜ウから選びなさい。
ア　所得税　　イ　公債金
ウ　消費税

(2) 直接税の説明として正しいものを，次のア〜ウから選びなさい。
ア　税金を納める人と負担する人が異なる税金
イ　中央政府(国)にだけ納める税金
ウ　税金を納める人と負担する人が同じ税金

(3) 所得が高い人ほど所得に対する税負担の割合が重くなる制度を何といいますか。

(4) 日本は直接税と間接税のどちらの額が多いですか。

歳入（円グラフ）：
直接税
A 19.0
相続税
印紙収入
法人税 11.8
33.1%
C 31.7
総額 102.7兆円
61.9入
他の分 6.4
その他3.3
揮発油税2.1
印紙収入1.0
B 21.2
間接税 28.8
相続税 2.3
酒税1.2
〈財務省資料〉

(1)	A
	B
	C
(2)	
(3)	制度
(4)	

第2章
教科書157〜160ページ

書きトレ！　政府の行う経済活動の意義を「税金」「モノ・サービス」の語句を使って簡単に書きなさい。

ヒント　① (1)税金を減らすとその分，消費に回ると考えられます。
② (2)税金を納める人と国との関係が重要な点です。

水俣病患者認定に関する訴訟で勝訴

（　　）にあてはまる語句を答えよう。

ノートを活用して，くり返し書いて覚えよう。

3 社会資本の役割と環境への取り組み

教科書 p.161～162

◎環境問題と循環型社会

・**公害対策**…1960年代に工場の煙や排水などで環境が悪化し公害が社会問題に。国は1967年に（　①　）を定め，1971年に（　②　）を発足。

・**地球環境問題**…1980年代に地球環境問題が深刻に。1993年に，環境保全に対する社会全体の責務を明らかにした（　③　）が施行され，2001年には（　②　）が（　④　）となった。

・資源の消費を抑え，環境への負荷をできる限り減らす（　⑤　）の実現に向け，環境に配慮した社会資本の整備や法律の制定が進む。

　→2000年に（　⑤　）形成推進基本法が制定。

詳しく解説！ 四大公害訴訟

	イタイイタイ病（富山県）	水俣病（熊本県・鹿児島県）	四日市ぜんそく（三重県）	新潟水俣病（新潟県）
被害地域および時期	第二次世界大戦以前から神通川流域で発生していた	1953年から60年にかけて水俣湾周辺で発生	1961年ごろから四日市市の石油化学コンビナート周辺で発生	1964年から70年にかけて阿賀野川流域で発生
原因物質	カドミウム	メチル水銀	硫黄酸化物，窒素酸化物	メチル水銀
判決	1972年8月，患者側が全面勝訴	1973年3月，患者側が全面勝訴	1972年7月，患者側が全面勝訴	1971年9月，患者側が全面勝訴

高度経済成長期に，四大公害をはじめとする公害が全国各地で発生した。今もなお，公害の後遺症に苦しんでいる人たちがいる。

◎日本の社会資本

・（　⑥　）…道路や橋，上下水道など私たちの生活や企業の生産活動に不可欠なもののこと。

　→高度経済成長期に新幹線や高速道路などの整備を集中的に進めてきた結果，老朽化が進んでいる。

◎これからの社会資本の在り方

・社会資本の維持・管理…人間の目の届きにくい箇所を点検したり，過去のデータを分析して破損しそうな設備や箇所を事前に割り出したりする試みが（　⑦　）（ICT）を使い行われている。

・「（　⑧　）」の推進…公共施設を中心市街地に集約すること。

・運営面での見直し…（　⑨　）経営のノウハウを生かして効率化を図るため，公立の体育館や図書館，浄水場などの施設の運営を（　⑨　）に任せる動きが出ている。

・（　⑩　）の推進…高齢者人口の増加などに対応するために，階段のある駅や歩道橋などの公共施設の（　⑩　）を進めている。

①

②

③

④

⑤

⑥

⑦

⑧

⑨

⑩

解答▶▶ p.20

① 次の問いに答えなさい。

教科書 p.161～162

(1) 次の図の空欄A～Dにあてはまる語句を，下のア～エから
選びなさい。

	A (富山県)	B (熊本県・鹿児島県)	C (三重県)	D (新潟県)
被害地域 および 時期	第二次世界大戦以前から神通川流域で発生していた	1953年から60年にかけて水俣湾周辺で発生	1961年ごろから四日市市の石油化学コンビナート周辺で発生	1964年から70年にかけて阿賀野川流域で発生
原因物質	カドミウム	メチル水銀	硫黄酸化物, 窒素酸化物	メチル水銀
判決	1972年8月，患者側が全面勝訴	1973年3月，患者側が全面勝訴	1972年7月，患者側が全面勝訴	1971年9月，患者側が全面勝訴

ア　新潟水俣病　　　　イ　イタイイタイ病
ウ　四日市ぜんそく　　エ　水俣病

(2) 次の文の（　）にあてはまる語句を答えなさい。

> 2001年に（　　　）保全に取り組む機関が（　　　）庁から，
> （　　　）省に変わった。

(3) 日本の社会資本に関する説明について，正しいものをア・
イから選びなさい。
ア　公共施設など，民間での運営も行われている。
イ　老朽化した社会資本をつくり替えるための財政負担
は小さい。

(4) 高い橋の上など危険箇所を点検するために使われる，右の
ような無人航空機を何といいますか，答えなさい。

(5) 少子高齢社会に対応するため階段のある駅や歩道橋などで
工事などが行われていますが，このことを何といいますか，
答えなさい。

(1)	A
	B
	C
	D
(2)	
(3)	
(4)	
(5)	

第2章　教科書161～162ページ

書きトレ！　私たちが目指すべき「循環型社会」とはどのような社会ですか。簡単に書きなさい。

（　　　　　　　　　　　　　　　　　　　　　　　　　　　　　　　　）

ヒント　①　(1)四大公害のうち，3つが水質汚濁による公害，1つが大気汚染による公害です。
　　　　　　(2)3つの（　　　）に共通してあてはまる語句を考えてみましょう。

解答▶▶ p.20　　79

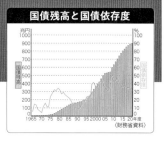
国債残高と国債依存度

（　）にあてはまる語句を答えよう。

ノートを活用して，くり返し書いて覚えよう。

4 社会保障と私たちの生活

教科書 p.165 〜 166

◎社会保障とは／社会保障制度の概要

・**社会保障**…社会全体で助け合い，支えようとするしくみ。

・日本の社会保障制度は日本国憲法25条「健康で文化的な最低限度の生活」を営む権利(生存権)に基づく。

・社会保障制度の四本柱

（ ① ）	将来の国民生活への不安に備えるためのもので，医療保険・(②)・雇用保険・労災保険・介護保険の5つが整備されている。
（ ③ ）	国民の健康増進を図り，感染症などの予防を目指す。
（ ④ ）	働くことが困難で社会的に弱い立場の人々に対して，生活の保障や支援のサービスをする。
（ ⑤ ）	収入が少なく，最低限度の生活を営めない人に生活費などを給付する。

◎社会保障と高齢化

・**社会保障・税番号(⑥)制度**…所得を正確に把握し，給付と負担の公平を図ることなどを目的に，国民一人一人に12桁の番号を持たせる。2016年より導入。

①

②

③

④

⑤

⑥

高齢者を含めて負担を世代間で分かち合うことが必要だよ。

5 これからの日本の財政

教科書 p.167 〜 168

◎日本の財政悪化／財政再建の取り組み

・(⑦)の拡大…歳出を賄うだけの税収を確保できず拡大。
　→その差を補うために政府は(⑧)を発行して資金を調達。
　日本政府の(⑧)残高は増加し続けている。

・財政再建のためには(⑦)の解消。増税，むだの削減が必要。

◎これからの財政

・政府の在り方…政府が充実した社会保障や公共サービスを供給する「(⑨)」を目指す場合，増税の必要がある。一方で，政府の役割を最小限にとどめる「(⑩)」を目指す場合，公共サービスの削減は避けられない。

⑦

⑧

⑨

⑩

解答▶▶ p.20

ぴたトレ 2
練習

第2章　財政③

1 次の問いに答えなさい。

教科書 p.165～166

(1) グラフ中のA・Bに入るものを，
次のア～エから選びなさい。
ア　医療
イ　年金
ウ　少子化対策
エ　障害者福祉

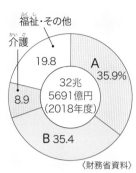

福祉・その他
介護
19.8
A 35.9%
32兆
5691億円
(2018年度)
8.9
B 35.4
〈財務省資料〉
▲社会保障関係費の歳出の内訳

(2) グラフ中のA・Bは社会保障の
分類のうちどの項目に入るか。
正しいものを，次のア～エから
選びなさい。
ア　公的扶助
イ　社会保険
ウ　社会福祉
エ　公衆衛生

(1)	A
	B
(2)	

2 次の文章を読んで，あとの問いに答えなさい。

教科書 p.167～168

日本の財政は，歳出を賄うのに十分な税収はないため，
a財政赤字が拡大している。充実した社会保障を供給する政
府か，b税負担を軽くする一方で，役割を最小限にとどめる
政府かを納税者が選ぶ岐路に立たされている。

(1)	
(2)	
(3)	

(1) aを補うため，国は何を発行していますか。

(2) bのような考え方の政府を何とよびますか。

(3) bの政府の特徴として間違っているものを，次のア～エからすべて選びなさい。
ア　子どもから高齢者まで，安心して暮らすことができる。
イ　社会保険料を高くする必要がある。
ウ　自由な競争により，経済成長が促進される。
エ　税金が安い分，家計において別のことに支出できる。

書きトレ! 日本の財政の現状について，「税収」「歳出総額」の語句を使って書きなさい。

( )

ヒント 1 (2)グラフ中の福祉は，社会保障の分類のうち，社会福祉にあたります。
2 (2)bの政府の反対は，大きな政府です。

① 次の文章を読んで，あとの問いに答えなさい。 30点

> 私たちに供給されているモノやサービスには，公共事業，教育，医療など政府によって供給されているものも多くある。そのため政府が家計や企業から a 税金を集めて，国民にさまざまなモノやサービスを提供している。このような政府の働きを（ ① ）と呼ぶ。国は毎年（ ② ）を作成して，b 歳出（図1）と歳入（図2）を管理している。c 国の歳入の約6割は所得税や消費税，法人税などの税金が占めている。歳出を賄うために税収が十分でない場合，政府は（ ③ ）を発行して資金を調達している。

(1) 文中の①〜③に入る語句を答えなさい。

(2) 記述 下線部aについて，所得税や相続税などでは，累進課税のしくみがとられています。所得税の累進課税とはどのような制度か説明しなさい。 思

(3) 下線部bについて，図1のA〜Cに入る語句を次のア〜ウから選びなさい。 技
　ア　社会保障　　　イ　公共事業　　　ウ　国債費

(4) 下線部cについて，図2のA〜Cには，法人税・所得税・消費税のいずれかが入ります。A〜Cに入る正しい語句をそれぞれ答えなさい。 技

図1
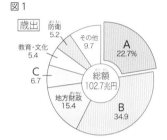

図2
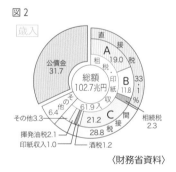

〈財務省資料〉

② 次の問いに答えなさい。 25点

よく出る

(1) 次のア〜エは四大公害病訴訟の病名，a〜dは発生地域を示したものです。正しい組み合わせを記号で答えなさい。
　ア　水俣病　　　　イ　四日市ぜんそく　　　ウ　新潟水俣病　　　エ　イタイイタイ病
　a　神通川流域　　b　熊本県・鹿児島県　　c　阿賀野川流域　　　d　三重県

(2) 水俣病の原因となった物質は何ですか。

(3) 公害対策についての政府の動きを表した次のア〜エを，年代の古い順に並べなさい。 技
　ア　公害対策基本法の制定　　イ　環境基本法の制定
　ウ　環境省に再編　　　　　　エ　環境庁の発足

(4) 私たちが生活したり，企業が生産したりするうえで欠かせない橋や道路などを何といいますか。

❸ 次の文章を読んで，あとの問いに答えなさい。 20点

> 日本の社会保障制度は，_a社会保険，公衆衛生，社会福祉，公的扶助の四つの柱からなっている。社会保障制度の中心は社会保険で，国民年金や医療保険はすべての国民を対象としている。年金保険は，_b働く世代が負担した保険料が，高齢者世代への年金給付にあてられており，働く世代も一定の年齢に達したときに，年金の給付を受けることができる。

(1) 下線部 a について，次の①〜③は社会保険，公衆衛生，社会福祉，公的扶助のいずれかです。社会保険には A，公衆衛生には B，社会福祉には C，公的扶助には D を書きなさい。思

　① 病気になり，通院して医療費の3割を自己負担として病院に支払った。

　② 重病になり収入がなくなったので，生活保護が支給された。

　③ 国民の衛生管理のため，下水道やごみ処理などを行っている。

(2) 記述 下線部 b について，現在の日本は少子高齢化が進んでいるため，このような方法で年金財源を捻出するとある問題が起きます。どのような問題が生じますか，書きなさい。思

❹ 次の問いに答えなさい。 25点

(1) 記述 バブル崩壊後に政府の国債依存度が上昇した理由として考えられることを歳入と歳出の二つの側面から説明しなさい。思

(2) 記述 右の国債残高の推移をみると，国債は増加し続けていることがわかります。政府が財政状況を改善する方法として考えられることを書きなさい。思

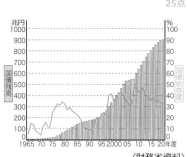

〈財務省資料〉

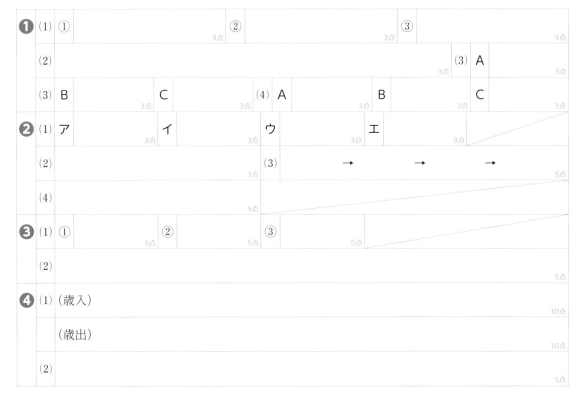

1節　紛争のない世界へ①

国家の領域

（　）にあてはまる語句を答えよう。

ノートを活用して，くり返し書いて覚えよう。

1 国家と国際社会

教科書 p.173〜174

◉主権国家とは何か

・**主権国家**…主権に加えて，（　①　）（国民）・領域を合わせた三つの要素から成り立つ。

・**領域**…国家の支配する領域は，**領土**・沿岸から12海里の範囲で認められる（　②　）・領土と（　②　）の上空である（　③　）の三つから構成され，不法に立ち入ることは認められていない（（　④　）の原則）。

・（　⑤　）…資源の開発や海洋調査が認められている海域。

◉国どうしのルール

・（　⑥　）…条約や国際慣習法など国と国の関係を定めたルール。

◉国旗と国歌

・**国旗と国歌**…それぞれの国のシンボル。日本では1999年に国旗・国歌法が制定（日章旗が国旗，君が代が国歌）。

①
②
③
④
⑤
⑥

2 領土を巡る取り組み

教科書 p.175〜176

◉領土を巡る問題と国家主権

・近年，南シナ海などでも領土問題で緊張が高まっている。

◉北方領土

・**北方領土**…北海道の北東にある，歯舞群島，色丹島，国後島，（　⑦　）の島々。日本固有の領土であるが，1945年に日ソ中立条約を破り侵攻してきた（　⑧　）に占領された。

◉竹島

・**竹島**…（　⑨　）県隠岐の島町に属する日本固有の領土。（　⑩　）が海洋警察隊を駐留させ，不法占拠を続けている。

→日本は平和的な解決を図るために（　⑪　）への提訴を呼びかけたが，（　⑩　）は拒否した。

◉尖閣諸島

・**尖閣諸島**…沖縄県石垣市に属する日本固有の領土。海底資源がある可能性が指摘されると中国が領有権を主張した。

→日本政府は，尖閣諸島には他国との間で解決すべき領有権問題はないという立場をとっている。

⑦
⑧
⑨
⑩
⑪

解答 ▶▶ p.21

1節　紛争のない世界へ①

❶ 右の図を見て，次の問いに答えなさい。

教科書 p.173〜174

(1) 主権国家の領域に，他国が無断で立ち入ることは認められていません。これを何といいますか。

(2) 国家の領域を構成する3要素のうち，Aにあてはまる語句を書きなさい。

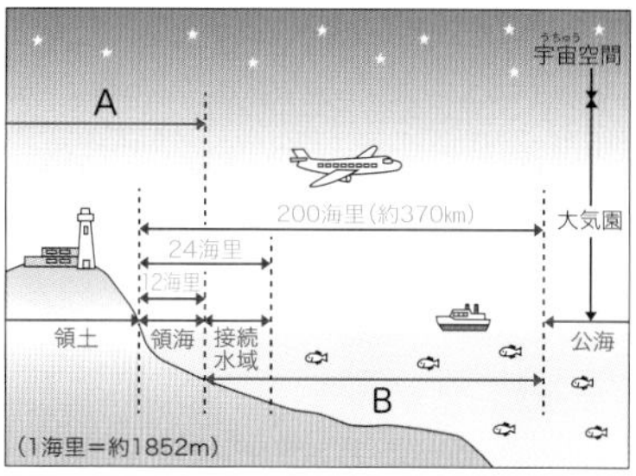

(3) Bのエリアでは，とれる魚や石油などの資源がその国のものとなります。この海域を何といいますか。

(4) 国と国とが結ぶ条約や慣習法など，国と国の関係を定めるルールを何といいますか。

(1)	
(2)	
(3)	
(4)	

第1章
教科書173〜176ページ

❷ 次の文章を読んで，あとの問いに答えなさい。

教科書 p.175〜176

　日本の領土問題として，歯舞群島，色丹島，国後島，択捉島からなる（ ① ）の問題がある。この領土は（ ② ）を破って侵攻してきたソ連に占領された。日本はソ連から代わって占拠を続けているロシアと外交交渉を続けている。韓国との間では島根県に属する（ ③ ）の領土問題がある。日本政府は韓国政府に対して（ ④ ）への提訴を提案したことがあるが，韓国政府は提案を拒否した。沖縄県に属する（ ⑤ ）は，中国が領有権を主張しているが，日本政府は領有権問題はないとしている。

(1)	①
	②
	③
	④
	⑤

(1) 文中の①〜⑤に入る言葉を，次のア〜カから選びなさい。

　　ア　日米和親条約　　イ　国際司法裁判所　　ウ　竹島
　　エ　尖閣諸島　　　　オ　日ソ中立条約　　　カ　北方領土

書きトレ！　海域について，「領海」「排他的経済水域」「公海」の語句を使って説明しなさい。

ヒント　❶ (2)領土と領海の上空にあたります。
　　　　❷ (1)④オランダのハーグに本部があります。

集団安全保障の考え方

A国 ①攻撃 → B国
②制裁
D国　C国　F国
E国　G国

（　　）にあてはまる語句を答えよう。

ノートを活用して，くり返し書いて覚えよう。

③ 国際連合の働きとしくみ

教科書 p.177 〜 178

◉ 国際連合の創設

・国際連合(国連)…1945年のサンフランシスコ会議で設置が決まる。（　①　）に本部がある。

① _____

◉ 国際連合の役割

・国際社会の平和と安全の維持。（　②　）による紛争の予防。

② _____

・（　③　）(PKO)…国連加盟国から派遣された兵力から成る。当事者の同意の下に対立兵力を引き離し紛争解決を図る。

③ _____

◉ 国際連合の機構／国際連合と日本

・国際連合は総会，安全保障理事会，経済社会理事会などで構成される。

④ _____

・（　④　）…すべての国連加盟国が一国一票を持って決議。

⑤ _____

・（　⑤　）…5か国の（　⑥　）と10か国の非常任理事国で構成。

→（　⑥　）は拒否権を持つ。

⑥ _____

④ 現代における紛争

教科書 p.179 〜 180

◉ 紛争の発生と再発防止／難民の発生

・冷戦終結後は，民族や宗教などを背景に（　⑦　）や内戦が増加。

⑦ _____

・（　⑧　）…人種や宗教，政治的意見などの理由で迫害を受ける恐怖があるため自国の外に逃れた人。

→保護のため，（　⑨　）事務所(UNHCR)が活動。

⑧ _____

◉ テロリズム

・テロリズム…特定の政治的主張のため，暴力を用いること。

⑨ _____

⑤ 兵器の脅威と軍縮への努力

教科書 p.181 〜 182

◉ 核兵器の廃絶に向けて／新しい課題／軍縮の重要性

・（　⑩　）…核兵器の保有により相手へ脅しをかけて攻撃を防ぐ。

⑩ _____

→核軍縮交渉へ。核拡散防止条約(NPT)や国際原子力機関(IAEA)による査察。

近年は，国家間の相互不信を背景に必要以上の軍拡がされているといわれているよ。

・サイバー空間を狙った攻撃や先端技術の軍事利用なども懸念されている。

・軍縮は紛争の防止だけでなく，紛争発生時の被害を減らす。

解答▶▶ p.22

❶ 下の図を見て，次の問いに答えなさい。 教科書 p.177〜178

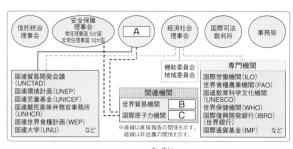

(1) Aは国連の中心組織であり，加盟国が1票をもち，重要な審議（しんぎ）を行う機関です。この機関を何といいますか。

(2) 安全保障（ほしょう）理事会の常任（じょうにん）理事国は，アメリカ，ロシア，イギリスとあと2国はどこですか。

(3) 常任理事国のみがもつ権限（けんげん）の名称を答えなさい。

(4) BとCにあてはまる国連関連機（き）関の略称（りゃくしょう）について，正しいものを次のア〜エから選びなさい。

ア UNICEF　イ UNHCR　ウ WTO　エ IAEA

(1)	
(2)	
(3)	
(4)	B
	C

第1章

教科書177〜182ページ

❷ 次の問いに答えなさい。 教科書 p.179〜180

(1) 人種や宗教（しゅうきょう）などの理由で自国外に逃（のが）れた人を，何といいますか。

(2) 特定の政治的主張（しゅちょう）のため暴力（ぼうりょく）を用いることを，何といいますか。

(1)	
(2)	

❸ 右の年表を見て，次の問いに答えなさい。 教科書 p.181〜182

(1) 年表中の①・②にあてはまる語句を答えなさい。

(2) 年表中の③の条約（じょうやく）は何ですか。この条約は，核（かく）実験の禁止（きんし）を定めた条約ですが，未発効（はっこう）です。

年	事項（じこう）
1945	米，世界初の原爆（げんばく）実験に成功
	（ ① ）・長崎に原爆投下
1949	（ ② ）が原爆実験に成功
1968	核拡散防止（かくさんぼうし）条約(NPT)に米英ソなどが調印
1996	（ ③ ）が国連で採択（さいたく）

(1)	①
	②
(2)	

書きトレ！ アフリカの国際連合の加盟国数の変化について「1960年」の語句を使って書きなさい。

(　　　　　　　　　　　　　　　　　　　　　　　　　　　　)

ヒント　❶ (4)英語で，「世界」はWorld，「国際」はInternationalです。
　　　　❸ (1)② 冷戦の中心となった国の一つです。

解答▶▶ p22　　87

日本が参加した主なPKO活動

年	国・地域	主な活動内容・対象
1992(〜93)	カンボジア	停戦監視
2002(〜04)	東ティモール	道路・橋の補修
08(〜11)	スーダン	情報管理
10(〜12)	東ティモール	治安状況の情報収集
11〜	南スーダン	社会資本の整備

（　　）にあてはまる語句を答えよう。

ノートを活用して，くり返し書いて覚えよう。

6　グローバル化が進む国際社会

教科書 p.183〜184

◎つながり，成長する世界

・グローバル化により**発展途上国**から経済発展を遂げた**新興国**が生まれる。

◎取り残される世界

・（　①　）…先進国と発展途上国との間の格差の問題。

・（　②　）…発展途上国間の格差の問題。

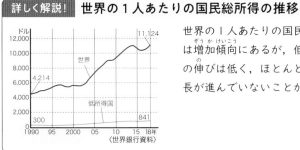

詳しく解説！　世界の1人あたりの国民総所得の推移

世界の1人あたりの国民総所得は増加傾向にあるが，低所得国の伸びは低く，ほとんど経済成長が進んでいないことがわかる。

◎揺れる国際社会の秩序

・（　③　）…地域の各国が政治や経済の協力を進める機構。

→米国・メキシコ・カナダ協定（（　④　））やアフリカ連合（AU）など。

・（　⑤　）（**EU**）…ヨーロッパの平和と繁栄を目指す国際機関。2020年に（　⑥　）が離脱し，加盟国数は27か国となった。

①
②
③
④
⑤
⑥

いまだ，貧困に苦しみ，紛争によって住む家を奪われている人たちが多くいるよ。

7　国際社会における日本の役割

教科書 p.185〜186

◎戦後日本の外交方針

・日本は，アジアにおいて（　⑦　）（ASEAN）との協力，東アジア首脳会議への参加，（　⑧　）（APEC）の推進を通じて，地域の結びつきを強める（　⑨　）に積極的に参加。

◎日米安全保障条約

・**日米安全保障条約**…日本がほかの国から攻撃された場合に日本とアメリカが共同して対処すること，アメリカ軍が日本に駐留することを定めている。→在日アメリカ軍専用施設は，面積の約7割が（　⑩　）県に集中。

◎日本の国際協力

・政府開発援助（ODA）や青年海外協力隊の派遣など。

⑦
⑧
⑨
⑩

解答▶▶ p.22

ぴたトレ 2 練習

1節　紛争のない世界へ③

❶ 次の文章を読んで，あとの問いに答えなさい。

教科書 p.183〜184

近年，世界各地で地域機構がつくられている。おもな地域機構として，①ヨーロッパ連合，②東南アジア諸国連合，③アフリカ連合，④米国・メキシコ・カナダ協定などがある。また，国際社会では a 政府や国際機関だけでなく，さまざまな組織が活動している。

(1) 文中の①〜④の略称を，次のア〜エから選びなさい。
　　ア　ASEAN　　イ　USMCA　　ウ　AU　　エ　EU

(2) ヨーロッパ連合で使われている統一通貨を何といいますか。カタカナで答えなさい。

(3) 下線部 a にあてはまる非政府組織のことをアルファベット3文字で何といいますか。

(1)	①	
	②	
	③	
	④	
(2)		
(3)		

❷ 右の図を見て，次の問いに答えなさい。

教科書 p.185〜186

(1) Aにあてはまる県名を書きなさい。

(2) アメリカ軍は何という条約にもとづいて日本に駐留していますか。

(3) (2)の条約が結ばれた頃の，世界が西側と東側に分かれていた状態を何といいますか。

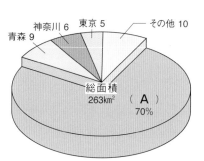

神奈川 6　東京 5　その他 10
青森 9
総面積 263km²
（ A ）70%

在日アメリカ軍施設の面積(2018年)
〈防衛省資料，ほか〉

(1)		県
(2)		
(3)		

書きトレ！　普天間基地移設問題について，「辺野古」「県民投票」の語句を使って書きなさい。

（　　　　　　　　　　　　　　　　　　　　　　　　　　　）

ヒント　❶ (3)似たような組織として，NPO(非営利組織)があります。
　　　　❷ (1)Aの県の面積の約8%がアメリカ軍施設となっている。

解答▶▶ p.23　89

2節　貧困解消と環境保全①

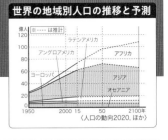

世界の地域別人口の推移と予測

〈人口の動向2020、ほか〉

（　）にあてはまる語句を答えよう。

ノートを活用して，くり返し書いて覚えよう。

1 貧困問題とその解消

教科書 p.189〜190

◉急増する人口と貧困問題

・（ ① ）状態…人口増加に経済成長が追いつかず，世界全体ではいまだに約10人に1人が，1日1.9ドル未満で生活。

◉食料・水資源を巡る問題

・**食品ロス**…本来食べることができた食料が捨てられる問題。

◉求められる貧困の解消

・ミレニアム開発目標（MDGs）…2000年に国連でまとめられたもので，貧困や飢餓に苦しむ人口の半減，教育の普及など8つの目標が掲げられた。

→2015年以降，（ ② ）（SDGs）に引き継がれた。

・（ ③ ）（**ODA**）…貧困解消のため，先進国を中心に食料援助，教育普及，社会資本の整備などに資金や技術を提供。

・（ ④ ）…発展途上国産の農作物や製品を適正価格で取引。

・（ ⑤ ）…社会的に弱い立場の人々が起業するための資金を融資。

①
②
③
④
⑤

世界中の貧困を解消するためには，国際協調が重要だよ。

2 地球規模で広がる環境問題

教科書 p.191〜192

◉私たちと地球環境問題

・**地球環境問題**…人々の経済活動の規模や範囲が拡大することで，温室効果ガスによって引き起こされる（ ⑥ ）や，（ ⑦ ）層の破壊，森林の減少などといった問題が発生。これらの問題は，国境を越えて地球全体に広がっている。

◉地球温暖化防止への国際的な取り組み

・地球温暖化防止の取り組み…1997年に採択された（ ⑧ ）で，二酸化炭素などの（ ⑨ ）の削減目標が定められた。

→（ ⑩ ）に削減義務がなく，また当時最大の排出国であった（ ⑪ ）が離脱したため，取り組みが不十分との指摘。

→2015年には，すべての国が参加する**パリ協定**が採択。

◉地球環境問題と南北問題の解決に向けて

・地球環境問題と南北問題は深い関係にあり，先進国は発展途上国に，環境に優しい技術を伝えていくことが必要。

⑥
⑦
⑧
⑨
⑩
⑪

解答 ▶▶ p.23

❶ 次の問いに答えなさい。

教科書 p.189 〜 190

(1) 右のグラフは，先進国の政府を中心に行われる発展途上国への支援の総額の国別割合です。この支援のことを何といいますか。

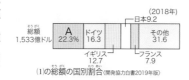

(1)の総額の国別割合(開発協力白書2019年版)

(2) 右のグラフの**A**の国名を書きなさい。

(3) 発展途上国産の農作物や製品を適正価格で取引することを何といいますか。

(4) 社会的に弱い立場の人々が起業するための資金を融資することを何といいますか。

(1)	
(2)	
(3)	
(4)	

❷ 次の問いに答えなさい。

教科書 p.191 〜 192

(1) 地球温暖化の被害を示した図は，上の①〜③のうちどれですか。

(2) 地球温暖化を引き起こす，フロンやメタン，二酸化炭素などのガスを何といいますか。

(3) (2)の削減目標を初めて数値で定めた議定書を何といいますか。

(4) 現在，世界で最も二酸化炭素を排出している国はどこですか。

(1)	
(2)	
(3)	
(4)	

書きトレ! 政府開発援助とは何か，「貧困」「資金や技術」の語句を使って書きなさい。

( )

ヒント ❶ (2)かつては日本が1位でした。
❷ (1)地球全体が温暖化するとどのようなことが起こるか，考えてみましょう。

解答▶▶ p.23　　91

2節　貧困解消と環境保全②

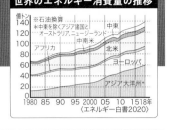

世界のエネルギー消費量の推移

（　　）にあてはまる語句を答えよう。

ノートを活用して，くり返し書いて覚えよう。

3 資源・エネルギー問題

教科書 p.193～194

◎経済活動の拡大と資源の枯渇／資源の安定的な確保のために

・（ ① ）…資源は将来的な枯渇も懸念されているため，資源・エネルギーを効率的に利用し，その消費量を抑える省資源・省エネルギーへの取り組みが求められる。

→（ ② ）…むだな消費を減らすこと。

→（ ③ ）…一度使ったものを繰り返し再利用すること。

→（ ④ ）…紙やアルミ製品などを回収して再び資源として利用すること。

◎原子力発電の現状と課題

・原子力エネルギーによる（ ⑤ ）は少ない燃料で多くのエネルギーを作り出せ，二酸化炭素の排出量が少ない発電方法。

→2011年の（ ⑥ ）発電所の事故のように対応の難しさが課題。

◎新しいエネルギー資源への期待と課題

・枯渇せず，（ ⑦ ）の排出量が少ない太陽光・風力・水力・バイオマスなど，（ ⑧ ）による発電が注目されている。

→発電費用が高い，（ ⑨ ）に左右されるなどの課題。

①
②
③
④
⑤
⑥
⑦
⑧
⑨

4 国際社会のよりよい発展

教科書 p.195～196

◎持続可能な開発目標（SDGs）とは

・「持続可能な社会」を目指し，2015年に国連で採択。

◎求められる協調した取り組み

・SDGsの目標は多岐にわたるので，国際機関や各国政府，（ ⑩ ）（NGO），民間企業などが協調して取り組む必要。

→（ ⑩ ）は，政府開発援助などでも政府と連携を強化。

◎SDGsと私たち

・SDGsの達成のために私たちの取り組みも重要である。

⑩

SDGsを達成するために，自分が今できることを考えてみよう。

詳しく解説！　持続可能な開発目標（SDGs）

持続可能な開発目標（SDGs）では，2030年までに達成すべき17の目標が定められている。

解答▶▶ p.23

❶ 次のグラフを見て，あとの問いに答えなさい。

教科書 p.193〜194

```
                        地熱・風力など9.0
世　　界  (　A　)64.5%      水力16.3 10.2
                    3.1        原子力
日　　本       85.5          8.9
                         2.5
中　　国      70.5       17.9  7.9
                     3.7
アメリカ     62.8      7.6  19.6  10.0
(　B　)  11.2 9.8      70.9          8.1
           4.0
(　C　)    52.9    11.7    31.4
(2017年)      〈WORLD ENERGY STATISTICS 2019, ほか〉
```

(1)	
(2)	
(3)	

(1)　(　A　)にあてはまる発電方法を答えなさい。

(2)　(　B　)にあてはまる国名を答えなさい。

(3)　(　C　)にあてはまる，原子力に頼らない発電方法を進めている国の名を答えなさい。

❷ 次の問いに答えなさい。

教科書 p.195〜196

(1)　持続可能な開発目標(SDGs)では，2030年までに達成すべき目標として，いくつの目標を設定していますか，答えなさい。

(2)　日本が国際協調の理念として推進を掲げていることを，次のア〜エから選びなさい。
　　　ア　持続可能な開発目標　　イ　人間の安全保障
　　　ウ　イノベーション　　　　エ　リデュース

(3)　非政府組織の略称を答えなさい。

(4)　ODAとは何の略称ですか，答えなさい。

(1)	
(2)	
(3)	
(4)	

書きトレ! SDGsが国連で採択された背景を「将来の世代」「持続可能な社会」の語句を使って書きなさい。

(　　　　　　　　　　　　　　　　　　　　　　　　　　　　　　　　)

ヒント　❶ (1)化石燃料を用いた発電方法です。
　　　　　❷ (2)ウは技術革新のことです。

❶ 国際機関に関する次の表を見て，あとの問いに答えなさい。　　34点

機関(発足年)	（　A　）（1920年）	国際連合（1945年）
本部	ジュネーブ	（　B　）
加盟国	（　C　）は不参加 ソ連の加盟遅延 （　D　）・ドイツ・イタリアの脱退	五大国が初めから加盟
表決	全会一致	多数決，a安全保障理事会 における五大国の一致

(1) 表中の（　A　）～（　D　）に入る語句を答えなさい。

(2) 下線部aについて，現在の安全保障理事会の常任理事国5か国を答えなさい。

(3) 下線部aについて，安全保障理事会の常任理事国5か国は表決の際にある権利を持っています。その権利を答えなさい。

(4) 国連が行う平和維持活動をアルファベット3文字で答えなさい。

(5) 対人地雷禁止条約の採択に活躍したNGOの名を答えなさい。

(6) 核保有国を増やさないために締結された条約を漢字で答えなさい。

(7) 記述 核抑止とはどのような考え方か，簡単に書きなさい。思

❷ 世界の地域機構に関する次の表を見て，あとの問いに答えなさい。　　36点

機構名	（　A　）	（　B　）	USMCA	AU
加盟国数	10か国	27か国	（　C　）	54か国と西サハラ
人口	6.4億人	4.4億人	4.8億人	12.2億人
GNI	（　D　）	（　E　）	23.4兆ドル	2.3兆ドル

(加盟国数は2020年7月現在，人口・GNIは2018年現在)　　(世界銀行資料　ほか)

(1) 表中の（　A　）～（　E　）に入る語句を次のア～カから選び記号で答えなさい。

　ア　EU　　　　イ　3か国　　　ウ　15.4兆ドル　　エ　2.9兆ドル

　オ　ASEAN　　カ　6か国

(2) 世界の地域機構に関する説明として，正しいものには〇を，間違っているものには×を書きなさい。

　ア　日本は東南アジア諸国連合に加盟している。

　イ　国民投票の結果，イギリスはヨーロッパ連合から離脱した。

　ウ　アメリカ，カナダ，チリの3か国がUSMCAを結んでいる。

　エ　ヨーロッパ連合の方がアフリカ連合より一人あたりのGNIは高い。

❸ **環境問題**について，次の問いに答えなさい。

18点

(1) 右のグラフは，主な国の発電量の割合を表したものです。これを見て，図中のＡ～Ｃにあてはまる国名を，ア～ウから選びなさい。技

　ア　フランス
　イ　日本
　ウ　中国

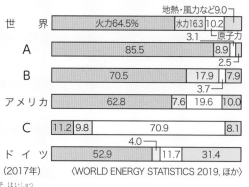

〈WORLD ENERGY STATISTICS 2019, ほか〉

(2) 右の図は，各国または地域統合体の二酸化炭素排出量を表したものです。図中のＡ～Ｃにあたる国名を次のア～カのうちから選びなさい。技

　ア　日本　　イ　アメリカ　　ウ　AU
　エ　チリ　　オ　中国　　　カ　モンゴル

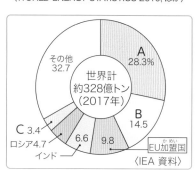

❹ **再生可能エネルギー**について，次の問いに答えなさい。

12点

(1) 記述 再生可能エネルギーの利点を，簡単に書きなさい。思

(2) 記述 再生可能エネルギーの課題を，簡単に書きなさい。思

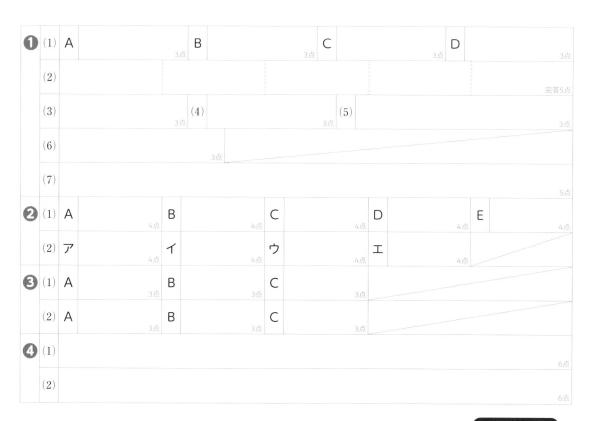

（　　）にあてはまる語句を答えよう。

ノートを活用して，くり返し書いて覚えよう。

1 持続可能な社会を目指して

教科書 p.203 ～ 208

◈持続可能な社会を目指して

・現代の日本では，情報化，グローバル化，少子高齢化が進んでおり，そのなかで成長が続けられる社会づくりが求められている。

・世界では経済発展に伴う貧富の差の拡大や，国や地域間での対立，環境や資源，エネルギーに関する問題が起こっている。

　→こうした課題の解決のためには，現代の世代が満足して生活でき，将来の世代が必要とするものも損なわない（ ① ）**可能な社会**をつくることが大切。

①

◈レポート作成の手順

▶持続可能な社会の形成のために，何をすべきかレポートにまとめてみよう。

課題を設定する。

　　自分の興味のある課題を見つける。

　　調べる課題と問題点，調べる理由を整理する。

　　自分なりの解決策(仮説)を立て，その有効性を証明するために必要な資料を考える。

課題探究の計画を立て，資料を集める。

　　調べる課題や自分の考えた解決策，全体のスケジュールなどを研究計画書にまとめる。

　　欲しい情報に合わせ，適切な方法で資料を収集する。

集めた資料を基に，考察する。

　　考察を深め，自分の意見を簡単にまとめる。

　　ディベートやディスカッションを行い，調査や考察の内容を見直す。

レポートを作成し，発表する。

　　レポートにまとめて発表し，互いに評価し合って，残された課題を明らかにする。

> これまで学んだことのなかから，具体的な問題を取りあげて，解決策を探究してみよう。

解答▶▶ p.24

\\ 定期テスト //

予想問題

◀ チェック!

- テスト本番を意識し, 時間を計って解きましょう。

- 取り組んだあとは, 必ず答え合わせを行い,
  まちがえたところを復習しましょう。

- 観点別評価を活用して, 自分の苦手なところを確認しましょう。

テスト前に解いて,
わからない問題や
まちがえた問題は,
もう一度確認して
おこう!

教科書の単元	本書のページ	教科書のページ
予想問題 1　第 1 部　現代社会	▸ p.98 〜 99	p.3 〜 26
予想問題 2　第 2 部　政治①	▸ p.100 〜 101	p.29 〜 40
予想問題 3　第 2 部　政治②	▸ p.102 〜 103	p.41 〜 62
予想問題 4　第 2 部　政治③	▸ p.104 〜 105	p.67 〜 104
予想問題 5　第 3 部　経済①	▸ p.106 〜 107	p.109 〜 142
予想問題 6　第 3 部　経済②	▸ p.108 〜 109	p.145 〜 168
予想問題 7　第 4 部　国際	▸ p.110 〜 112	p.173 〜 200

❶ 現代日本について，次のA～Cのカードを見て，あとの問いに答えなさい。 20点

A　情報化
　コンピュータやインターネットなどが発達した現代の社会は，世界中の情報を一瞬で入手できる反面，a問題点もある。

B　グローバル化
　世界が一体化するにつれ，国際分業が進む一方で，ライバルになる企業が世界中にいる，厳しい（　b　）が起こっている。

C　少子高齢化
　現在，日本は少子高齢化が進み，また，人口減少も始まっている。そうしたなか，cさまざまな課題がある。

(1)　下線部aについて述べた次の文中の①，②にあてはまる語句を，それぞれ書きなさい。

> 　情報化が進み，情報をあつかう手段や技能をもつ人ともたない人との（　①　）や，（　②　）の流出という問題が生じている。

(2)　（　b　）にあてはまる語句を漢字4字で書きなさい。

(3)　記述 下線部cについて述べた次の文中の（　　　）にあてはまる内容を，「働く世代」という語句を使って，簡単に書きなさい。思

> 　今後，少子高齢化がより進むと，社会保障に必要な費用が増加する一方で，費用を負担する生産年齢人口は減少するため，（　　　　　　　）ことが予想される。

❷ 次の問いに答えなさい。 36点

(1)　次の①～③の月に行われる年中行事を，次のア～エからそれぞれ選びなさい。

① 1月　　② 7月・8月　　③ 11月

ア　盂蘭盆　　イ　ひな祭り　　ウ　初詣
エ　七五三

(2)　右のグラフから，日本人が行っている宗教的行動で最も割合の高いものを答えなさい。技

(3)　古くからの日本の伝統文化として，現在まで受け継がれてきたものの例を一つ書きなさい。

(4)　右の写真は，タイのファストフードチェーン店の様子です。このように，世界中にファストフード形式の食文化が受け入れられていますが，このことを文化の何といいますか，答えなさい。

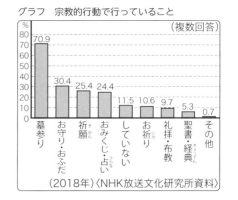

グラフ　宗教的行動で行っていること
（複数回答）
墓参り 70.9
お守り・おふだ 30.4
祈願 25.4
おみくじ・占い 24.4
していない 11.5
お祈り 10.6
礼拝・布教 9.7
聖書・経典 5.3
その他 0.7
（2018年）〈NHK放送文化研究所資料〉

❸ 次の文章を読んで，あとの問いに答えなさい。 44点

> ａ人間は，家族，学校をはじめ，いくつかの社会集団に属している。社会集団の中では，さまざまな意見の違いから（　Ａ　）が生じることがある。それを解決するために話し合いを重ね，おたがいがｂ納得できる（　Ｂ　）をめざす必要がある。（　Ｂ　）を形成する際，多数決を用いる場合がある。その際，配慮すべきことは（　Ｃ　）ことである。決める内容や決定に関わる人の規模に応じて，ｃどのような決め方が適切か考えることも大切である。

(1)　（　Ａ　）・（　Ｂ　）にあてはまる語句を，それぞれ漢字2字で書きなさい。

(2)　記述 下線部ａについて，「人間は社会的存在である」といわれる理由を答えなさい。思

(3)　下線部ｂについて，この際，効率と公正という視点が重要です。ルールをつくるときに必要な次の①〜③の評価が「効率」「公正」のどちらの視点にあたるかを，それぞれ答えなさい。技
　①　みんなが決定に参加する機会があったか。
　②　ルールをつくる過程にみんなが参加しているか。
　③　お金や物，土地，労力などがむだなく使われているか。

(4)　記述 （　Ｃ　）にあてはまる内容を，「少数」という語句を使って，簡単に書きなさい。思

(5)　下線部ｃについて，次の①，②の文は物事を決める方法の長所と短所を述べたものです。あてはまる方法をあとのア〜ウからそれぞれ選びなさい。
　①　長所としては，全員が納得できることで，短所としては決定に時間がかかることである。
　②　利害は関係ないため早く決まるが，当事者が納得しないことがある。
　ア　第三者が決める　　イ　全員一致するまで話し合う
　ウ　複数の代表者が話し合う

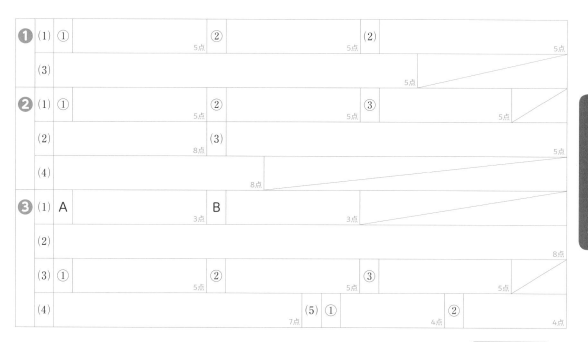

定期テスト予想問題

時間30分		合格70点
	/100点	点

1 次の文章を読んで，あとの問いに答えなさい。 63点

現在，各国で広く保障されるようになった人権も，最初から認められていたわけではない。人々の長年の努力による a人権獲得の歴史 があった。そのなかで，b思想家たち の果たした役割も大きい。また，人権を保障するためには c法の役割 も重要である。

(1) 下線部 a について，次のA～Cの資料と略年表を見て，問いに答えなさい。

A

第151条　経済生活の秩序（ちつじょ）は，すべての者に人間たるに値する生存を保障する目的を持つ…（略）…

B

第1条　人は，自由かつ権利において平等なものとして出生し，かつ生存する。…（略）…

C

われわれは，自明の真理として，すべての人は平等に造られ，…（略）…

年	国	ことがら
1215	イギリス	マグナカルタが成立する
1689	イギリス	権利章典が出される
1776	（ P ）	Cが出される
1789	（ Q ）	Bが出される
1889	日本	d大日本帝国憲法が出される
1919	（ R ）	Aが出される
1946	日本	日本国憲法が制定される
1948	国際連合	（　　　）が採択（さいたく）される
1966	国際連合	国際人権規約が成立する

① A～Cの資料にあてはまるものを，次のア～ウから1つずつ選びなさい。技

ア　フランス人権宣言　　イ　ワイマール憲法　　ウ　アメリカ独立宣言

② A～Cの資料のうち，世界で初めて社会権を明記したものを，記号で答えなさい。

③ 右上の略年表は，人権思想のあゆみを示したものです。P～Rの国名を，次のア～ウから1つずつ選びなさい。

ア　フランス　　イ　ドイツ　　ウ　アメリカ

④ 略年表の（　　　）にあてはまる，国際連合の総会で採択され，世界共通の目標になっているものを，漢字6字で答えなさい。

(2) 下線部 b について，『法の精神』を著し，権力分立を説いた思想家を，次のア～エから選びなさい。

ア　マルクス　　イ　モンテスキュー　　ウ　ロック　　エ　ルソー

(3) 下線部 c について，右の図は，人の支配と法の支配を模式的に示したものです。右の図を参考に，法の支配において保障されることと制限されることを，それぞれ書きなさい。技

(4) 記述 下線部 d について，大日本帝国憲法では，人権はどのような形で認められていましたか，「臣民」と「法律」という語句を使って簡単に書きなさい。思

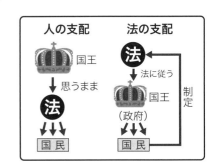

成績評価の観点　　技…資料活用の技能　　思…社会的な思考・判断・表現

❷ 右の日本国憲法の構成を示した表を見て，次の問いに答えなさい。 37点

(1) 「5月3日」は国民の祝日にあたります。この祝日は何を記念して設けられたものですか，答えなさい。

(2) 下線部aについて，次の文中の（ A ）〜（ C ）にあてはまる語句を，それぞれ漢字2字で書きなさい。

> 日本国憲法第1条には「天皇は，日本国の（ A ）であり日本国民統合の（ A ）であつて，この地位は，（ B ）の存する日本国民の総意に基く。」とあり，第3条には，「天皇の国事に関するすべての行為には，（ C ）の助言と承認を必要とし，（ C ）が，その責任を負ふ。」とある。

第1章	a 天皇
第2章	b 戦争の放棄
第3章	国民の権利及び義務
第4章	国会
第5章	内閣
第6章	司法
第7章	財政
第8章	地方自治
第9章	改正
第10章	最高法規
第11章	補則

(3) 下線部bについて，次の文を読んで，文中の（ D ），（ E ）にあてはまる語句を答えなさい。

> ① 日本国民は，正義と秩序を基調とする国際平和を誠実に希求し，国権の発動たる（ D ）と，武力による威嚇又は武力…（略）…永久にこれを放棄する。
> ② 前項の目的を達するため，陸海空軍その他の戦力は，これを保持しない。国の（ E ）は，これを認めない。

(4) 下線部bについて，2014年に，政府が一部の憲法解釈を見直しました。右の図が表す権利を何といいますか。書きなさい。技

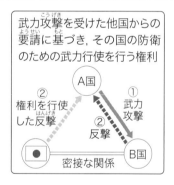

武力攻撃を受けた他国からの要請に基づき，その国の防衛のための武力行使を行う権利

---

❶	(1)	①	A		B		C		②			
				5点		5点		5点		5点		
		③	P		Q		R		④		(2)	
				5点		5点		5点		5点			5点
	(3)	保障されること…					制限されること…					
						5点						5点
	(4)											
									8点			
❷	(1)											
												7点
	(2)	A			B			C				
				5点			5点			5点		
	(3)	D			E			(4)				
				5点			5点					5点

定期テスト予想問題

❶ 右の基本的人権の構成図を見て，次の問いに答えなさい。　68点

(1) 下線部 a について，日本国憲法で，「すべての国民は，個人として尊重される」とあるのは何条か，答えなさい。

(2) 下線部 b について述べている，次の日本国憲法の条文中の（　　）にあてはまる語句を答えなさい。

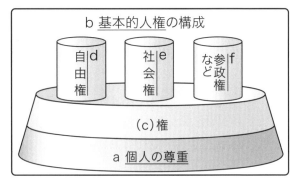

b 基本的人権の構成

自d由権　社e会権　な参f政ど権

(c)権

a 個人の尊重

> この憲法が国民に保障する自由及び権利は，国民の（　　）によって，これを保持しなければならない。

(3) 図中の（ c ）について，次の問いに答えなさい。

① 図中の（ c ）にあてはまる語句を答えなさい。

② 1999年に公布された，女性の社会進出を進めるための法律名を答えなさい。

(4) 傍線部 d について，自由権は3つに分類されます。次のア〜エの行為のうち，右で示した日本国憲法の条文に最も関わりの深いものを選びなさい。また，この条文は，3つの自由のうち，どれにあたりますか，答えなさい。技

ア 自分で作詞・作曲した歌を友だちと歌った。

イ 家の商売を継がないで，会社員になった。

ウ 大学で学んだ考古学の研究を卒業後も趣味として続けている。

エ アルバイトの報酬で好きなゲームソフトを購入した。

> 何人も，公共の福祉に反しない限り，居住，移転及び職業選択の自由を有する。

(5) 傍線部 e について，次の問いに答えなさい。

① 記述 社会権の1つである，生存権とはどういう権利ですか，簡単に書きなさい。思

② ①の権利を保障するために制定された法律を何といいますか。

③ 労働基本権のうち，労働組合をつくる権利を何といいますか。

(6) 傍線部 f について，次のア〜オを，①参政権，②国務請求権にふくまれるものに分類しなさい。技

ア 憲法改正の国民投票権　　イ 裁判を受ける権利　　ウ 請願権

エ 国家補償請求権　　オ 最高裁判所裁判官の国民審査権

❷ 次の文を読んで，あとの問いに答えなさい。 16点

> 日本国憲法では基本的人権が保障されているが，_a「公共の福祉」によって制限される場合がある。また，_b3つの国民の義務も定められている。

(1) 下線部aについて，右の表は，「公共の福祉」による人権の制限の例を示したものです。表中のA〜Cにあてはまる語句を，それぞれ □ から選びなさい。 技

制限される権利	例
（ A ）	・公務員のストライキを禁止
（ B ）の自由	・感染症による入院措置
（ C ）の自由	・選挙運動の制限

> 集会・結社　　居住・移転　　労働基本権　　表現　　職業選択

(2) 下線部bについて，国民の義務として憲法に定められていないものを，ア〜エから選びなさい。

ア　子どもに普通教育を受けさせる　　イ　投票　　ウ　勤労　　エ　納税

❸ 次の文を読んで，あとの問いに答えなさい。 16点

> 時代の変化とともに憲法に直接明記されていない_a新しい人権が主張されるようになった。

(1) 下線部aについて，右の資料は，どの新しい人権と関係が深いですか。ア〜エから選びなさい。 技

ア　自己決定権　　イ　プライバシーの権利
ウ　環境権　　　　エ　知る権利

(2) 医療の現場における（　　　　）とは，医師から十分な説明を受けた後に治療方法を患者自身が決定するという考え方です。（　　　　）にあてはまる語句をカタカナで書きなさい。 思

> 第5条　行政機関の長は，開示請求があったときは，開示請求に係る行政文書に次の各号に掲げる情報（以下「不開示情報」という。）のいずれかが記録されている場合を除き，開示請求者に対し，当該行政文書を開示しなければならない。

❶	(1)	第		条	(2)			(3)	①			権
				6点			6点					7点
	②				(4)	記号						
			7点				6点					6点
	(5)	①										
												10点
	②			③								
			6点				4点					
	(6)	①		②								
			5点			5点						
❷	(1)	A		B			C			(2)		
			4点			4点			4点			4点
❸	(1)		(2)									
		6点						10点				

| ❶ | /68点 | ❷ | /16点 | ❸ | /16点 |

定期テスト予想問題

❶ 次の文章を読んで，あとの問いに答えなさい。
40点

日本では$_a$選挙を通じて国民の代表者である国会議員を選ぶ。国会では二院制がとられ，いくつかの重要な点で$_b$衆議院の優越が認められている。内閣は行政を担当し，国会との関係では$_c$議院内閣制をとっている。

(1) 下線部 a について，次の問いに答えなさい。

① 右の表は，比例代表制の模擬選挙における得票数を示しています。定数を5人としたとき，5人目の当選者が出る政党をA〜Cから選びなさい。技

	A党	B党	C党
得票数	2400	1800	960

② 記述 近年，若い世代の投票率の低下が問題になっています。若者の多くが投票を棄権すると，どのような問題がおこりますか。簡単に書きなさい。思

(2) 下線部 b が認められているものを，次のア〜オから2つ選びなさい。

ア　弾劾裁判所の設置　　イ　内閣総理大臣の指名　　ウ　国政調査権の行使

エ　憲法改正の発議　　オ　予算の議決

(3) 下線部 c について，次の憲法の条文中の（ A ）・（ B ）にはあてはまる語句を，（ C ）にはあてはまる内容を答えなさい。思

第68条　（ A ）は，国務大臣を任命する。但し，その過半数は（ B ）の中から選ばれなければならない。

第69条　内閣は，衆議院で不信任の決議案を可決し，又は信任の決議案を否決したときは，10日以内に（ C ）。

❷ 右の図を見て，あとの問いに答えなさい。
24点

(1) 法律に違反する犯罪があったかどうかを判断し，その刑罰を決める右の図の裁判の種類を，何といいますか。技

(2) 裁判員が参加するとき，(1)の第一審はどこで行われますか。裁判所の種類を書きなさい。

(3) 次のA〜Cの説明を参考に，図中のA〜Cにあてはまる語句を，それぞれ書きなさい。技

A　取り調べを行い，被疑者を起訴するかどうか決める。

B　被告人の犯罪の有無を判断し，法律に違反している場合は刑罰を決める。

C　被告人を弁護する。

成績評価の観点　技…資料活用の技能　思…社会的な思考・判断・表現

❸ 次の文章を読んで，あとの問いに答えなさい。 36点

> a地方自治は，都道府県や市町村などの地方公共団体を単位として行われている。住民には，首長や地方議会議員の選挙権やb直接請求権が認められている。また，c地方財政については，多くの地方公共団体でd問題を抱えているのが実情である。

(1) 下線部aについて，右の図は，地方自治のしくみを示しています。図中の@はどのようなはたらきを示していますか。次のア～エから選びなさい。技
  ア 不信任決議　イ 監査請求　ウ 解散
  エ 拒否

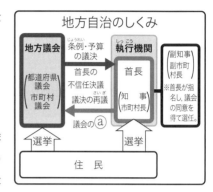

(2) 下線部bについて，有権者数30000人の市において条例の制定を請求する場合の手続きについて述べた次の文中の，（ A ）・（ B ）にあてはまる数字や語句を答えなさい。技

> （ A ）人以上の有権者の署名を集めて，（ B ）に請求する。

(3) 下線部cについて，地方税について述べた次の文中の（ C ）・（ D ）にあてはまる語句を答えなさい。技

> 地方税収入の格差をなくすために国から配分される資金を（ C ）といい，義務教育や公共工事などの事業に対する資金で使い方が限定されているものを（ D ）という。

(4) 記述 下線部dについて，どのような問題がありますか，「自主財源」という語句を使って，簡単に書きなさい。思

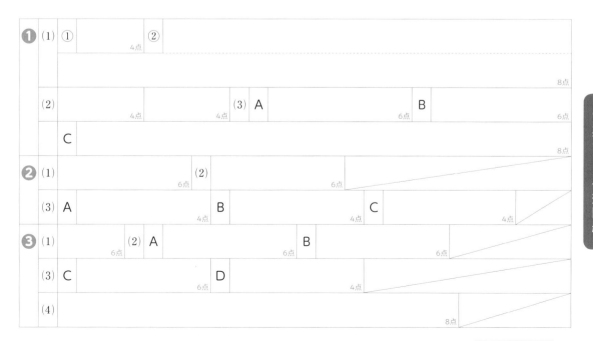

❶ 次の文章を読んで，あとの問いに答えなさい。 40点

> 私たちは，さまざまな_a商品を購入し，消費して生活している。しかし，消費者が商品や契約についての知識が乏しいことを利用し，不適切な方法で契約を結ばせるなど，_b消費者被害も相次いでいる。

(1) 下線部 a について，次の問いに答えなさい。

　① 次の文は，Kさんのある日の行動の記録です。この中で，Kさんがモノを購入し，サービスを受けた場面はそれぞれいくつありますか，答えなさい。[技]

> 　Kさんは，近くの歯科医院で治療を受けた後，バスに乗って駅前まででかけた。駅前の本屋で参考書を1冊買ってから美容院で髪を切ってもらった。その後，店でアイスを1個買い，歩いて家まで帰った。

　② いつ，誰と，どのような内容の契約を結ぶかは，当事者どうしの自由な意思で行えます。このような原則を何といいますか。

　③ 右の**資料Ⅰ**のように，スマートフォンを機械にかざすことで商品を購入できます。このように，デジタルデータにお金としての価値をもたせたものを何といいますか。

資料Ⅰ

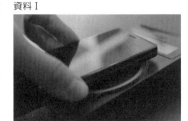

(2) 下線部 b について，次の問いに答えなさい。

　① 製造物責任法（PL法）について説明した次の文中の（　　　）にあてはまる内容を，「過失」と「請求」という語句を使って，簡単に書きなさい。[思]

> 　製品の欠陥によって消費者が被害を受けた場合，（　　　　　）。

　② 右の**資料Ⅱ**に関係の深い制度を何といいますか，答えなさい。[技]

資料Ⅱ

> 　契約解除通知書
>
> 私は，貴社と次の契約をしましたが，解除します。
> 契約年月日　○○年○月○日
> 商品名　　　×××
> 私が支払った代金は返金してください。
> 受け取った商品はお引き取りください。
>
> 　○○年○月○日
> 　　○○市○○町○－○－○
> 　　氏名　○○○○　　　　印

(3) 次の A，B のうち，POSシステムを示した図はどちらですか。[技]

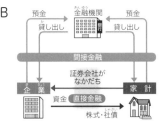

成績評価の観点　[技]…資料活用の技能　　[思]…社会的な思考・判断・表現

❷ 次の文章を読んで，あとの問いに答えなさい。

> ₐ企業には，国や地方公共団体が営む（ Ｘ ）と，民間が営む私企業がある。私企業の代表的なものにₑ株式会社がある。私企業は（ Ｙ ）を得ることを目的に経済活動を行っているが，最近，c社会に対して積極的に果たすべき役割が期待されるようになった。
>
> 企業で働く労働者には，憲法で労働基本権が保障され，dさまざまな法律が定められている。また，e労働環境が変化し，課題も見られるようになった。

(1) 文中の（ Ｘ ）・（ Ｙ ）にあてはまる語句を，それぞれ答えなさい。

(2) 下線部 a について，新しいアイデアや技術をもとに革新的な事業展開をする中小企業を何といいますか。

(3) 下線部 b のしくみを示した，右の図中のＡ～

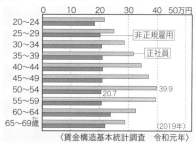

Ｅにあてはまる語句を，次の説明を参考にして，それぞれ答えなさい。なお（ Ｙ ）には，(1)と同じ語句が入ります。技

Ａ…資金を提供した人　　Ｂ…株式会社が資金を集めるために発行した証書

Ｃ…（ Ｙ ）の一部　　Ｄ…会社の方針や役員選出を行う場

Ｅ…ＡにＢの売買や分配金の支払いを行う会社

(4) 下線部 c について，これを，「企業の（　　　）」といいます。（　　　）にあてはまる語句を書きなさい。

(5) 下線部 d について，労働条件の最低基準を定めている法律を何といいますか。

(6) 下線部 e について，仕事と生活を調和させる考え方を何といいますか。

資料Ⅰ　雇用形態別賃金

(7) 記述 資料Ⅰから読み取れる非正規雇用者の特徴を，正社員と比較し，簡単に書きなさい。思

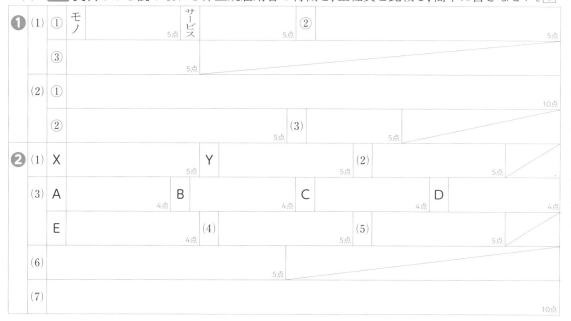

❶	(1)	①	モノ			サービス			②	
					5点			5点		5点
		③				5点				
	(2)	①								10点
		②					(3)			
						5点			5点	
❷	(1)	Ｘ			Ｙ			(2)		
				5点			5点			5点
	(3)	Ａ			Ｂ			Ｃ		Ｄ
				4点			4点		4点	4点
		Ｅ			(4)			(5)		
				4点			5点			5点
	(6)									
					5点					
	(7)									
										10点

定期テスト
予想問題

6

第3部
経済②

時間 30分　／100点
合格 70点

❶ 次の問いに答えなさい。

24点

(1) 右の図は，景気変動について示したものです。不況のときに起こる変化の組み合わせとして正しいものを，**ア～エ**から一つ選びなさい。

　　ア　賃金が上昇する・失業者が増える

　　イ　賃金が上昇する・失業者が減る

　　ウ　賃金が下降する・失業者が増える

　　エ　賃金が下降する・失業者が減る

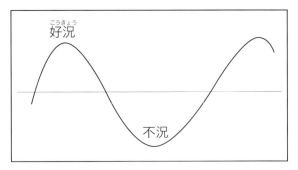

好況

不況

(2) 一国の経済活動の規模を測る国内総生産は，アルファベット3文字で何とあらわされますか。

(3) 物価について，次の問いに答えなさい。

　① インフレーションになると，手持ちのお金の価値はどうなりますか。

　② 記述 デフレーションとはどのような現象ですか，説明しなさい。

❷ 次の問いに答えなさい。

36点

(1) 日本銀行のような国家の金融の中核となる特別な銀行を何といいますか。

(2) 次の①・②の日本銀行の役割をそれぞれ何とよんでいますか。

　① 1万円札などの紙幣を発行する。　　② 政府のお金の出し入れを行う。

(3) グローバル化に伴い，海外に工場を移して生産を行う企業のことを何といいますか。

(4) 日本銀行の金融政策に関して述べた次の文中の①，②の（　　）内から，あてはまる語句を選び，記号で答えなさい。技

> 　景気が悪いとき，日本銀行は，銀行など金融機関を対象に国債などを①（**ア**　購入　**イ**　売却）し，市場に出回る通貨量を②（**ウ**　増や　**エ**　減ら）そうとする。

(5) 外貨に対し円の価値があがることを何といいますか。

(6) 円安のときの状況として正しい組み合わせを，次の**ア～エ**から選びなさい。技

　　a　輸出が有利になる。　　　　　b　輸入が有利になる。

　　c　外国からの旅行者が増える。　d　日本から海外への旅行が有利である。

　　ア　aとc　　**イ**　aとd　　**ウ**　bとc　　**エ**　bとd

❸ 次の文章を読んで，あとの問いに答えなさい。

政府の行う経済活動を財政といい，a税金によって収入を得ている。政府の重要な役割は，b歳出を通じて，第一に道路や上下水道などの（ A ）を整備したり，教育やc社会保障などの（ B ）サービスを提供したりすることである。次に，経済格差を是正する所得の（ C ）を行うことである。第三に景気を安定させる財政政策を行うことである。

(1) 文中の（ A ）～（ C ）にあてはまる語句を，それぞれ漢字で書きなさい。

(2) 下線部aについての説明として正しいものを，次のア～エから選びなさい。

ア 国が集める税金を国税といい，都道府県や市町村が集める税金を公債金という。

イ 納税者と担税者が同じ税金を間接税，一致しない税金を直接税という。

ウ 所得税は，所得が多くなればなるほど税率が高くなる累進課税の方法がとられている。

エ 消費税は，所得の少ない人ほど所得に占める税負担の割合が低くなる傾向がある。

(3) 下線部bについて，右の表は2000年度と2020年度の歳出の内訳を比べたものです。表中のX～Zにあてはまる項目の組み合わせとして正しいものを，次のア～エから選びなさい。技

	X	Y	Z
ア	社会保障関係費	国債費	公共事業関係費
イ	公共事業関係費	国債費	社会保障関係費
ウ	公共事業関係費	社会保障関係費	国債費
エ	国債費	公共事業関係費	社会保障関係費

項目	2000年度	2020年度
地方交付税交付金	16.7%	15.2%
X	13.3	6.7
文教及び科学振興費	7.7	5.4
Y	24.0	22.7
防衛関係費	5.5	5.2
Z	19.7	34.9
その他	13.3	9.9

（「日本国勢図会」2020/21年版）

(4) 下線部cについて，次の問いに答えなさい。

① わが国の社会保障制度についての説明として誤っているものを，ア～ウから選びなさい。

ア 公的扶助，社会保険，社会福祉，公衆衛生の4つの柱からなっている。

イ 医療機関を受診した際にかかる医療費は，すべて税金でまかなわれている。

ウ 40歳になると，介護保険制度に加入することが義務づけられている。

② 記述 少子高齢化にともなう社会保障制度の課題を，「負担」という語句を使って簡単に書きなさい。思

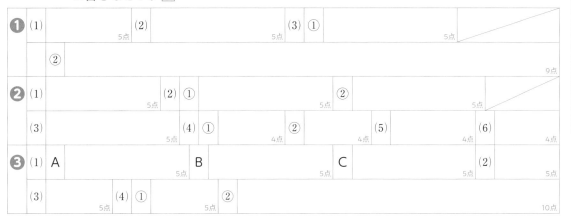

❶	(1)		(2)		(3) ①		
		5点		5点		5点	
	②						9点
❷	(1)		(2) ①		(2) ②		
		5点		5点		5点	
	(3)		(4) ①		(2)	(5)	(6)
		5点		4点	4点	4点	4点
❸	(1) A		B		C		(2)
		5点		5点		5点	5点
	(3)		(4) ①		②		
		5点		5点			10点

定期テスト
予想問題
7

第4部
国際

時間30分
／100点

合格70点

❶ 次の文章を読んで，あとの問いに答えなさい。

32点

> 　現在，世界には190余りの国がある。国として成り立つには，そこに住む国民，_a領域，他国の支配や干渉を受けず，他国と対等である（　A　）の三つの要素が必要である。国どうしがたがいに（　A　）を尊重し合うために，条約や国際慣習法などの（　B　）にもとづいて，国際協調が求められている。世界のほとんどの国が加盟している_b国際連合は，世界の平和と安全を維持するために，さまざまな活動を行っている。

(1)　文中の（　A　）・（　B　）にあてはまる語句を，それぞれ答えなさい。

(2)　下線部 a について，領域を示した右の図を見て，問いに答えなさい。

　①　図中の**ア**〜**エ**のうち，領空の範囲を示したものを選びなさい。[技]

　②　図中の**C**で示した水域は，沿岸国に水産資源や海底資源を利用できる権利が認められています。この水域を何といいますか。

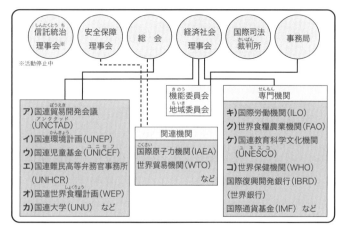

(3)　下線部 b について，国際連合の仕組みを示した右の図を見て，問いに答えなさい。

　①　[記述] 図中の安全保障理事会の常任理事国には拒否権があります。この拒否権について，「1か国」と「決定」という語句を使って，簡単に説明しなさい。[思]

　②　次の**X**・**Y**にあてはまる機関を，図中の**ア**〜**コ**から1つずつ選びなさい。

　　X　発展途上国の子どもたちに，健康衛生に関する援助や教育・職業訓練を行っている。

　　Y　感染症対策など，人々の健康の維持と増進に取り組む活動を行っている。

　③　国連が行うPKOについて説明しているものを，**ア**〜**エ**から選びなさい。

　　ア　紛争地域での停戦や選挙の監視などを行っている。

　　イ　子どもの権利条約を採択するなど，国際的な人権保障に取り組んでいる。

　　ウ　世界の難民の支援のために活動している。

　　エ　国家間の紛争を解決するための裁判を行っている。

成績評価の観点　[技]…資料活用の技能　[思]…社会的な思考・判断・表現

❷ 次の文章を読んで，あとの問いに答えなさい。　　　　　　　　　　　9点

> 　現在，世界ではグローバル化が進み，a地域主義の動きがおこっている。一方で南北問題やb南南問題が生じている。また，途上国の中から急速に経済成長したc新興工業経済地域（NIES）やBRICSとよばれる国々も現れている。

(1) 下線部aについて，右のグラフは，EU，ASEAN，USMCA，AUの人口とGNIを比べたものです。グラフのA～DからAUを選びなさい。技

	A	B	C	D
人口	6.4億人	4.4億人	4.8億人	12.2億人
GNI（総額）	2.9兆ドル	15.4兆ドル	23.4兆ドル	2.3兆ドル

＊GNIとは国民総所得のこと。人口・GNIは2018年の数値。　　（世界銀行資料，ほか）

(2) 下線部bについて，右の表は各国の1人あたり国民総所得（GNI）を示しています。次のア～エから南南問題にあたるものを選びなさい。技

ア　①と②の経済格差　　イ　①と③の経済格差
ウ　②と③の経済格差　　エ　③と④の経済格差

	国名	地域	1人あたり国民総所得（ドル）
①	アメリカ合衆国	北アメリカ	61,247
②	ドイツ	ヨーロッパ	45,923
③	サウジアラビア	アジア	21,239
④	ニジェール	アフリカ	369

（2017年）　　（「世界国勢図会」2019/20年版）

(3) 下線部cにあてはまる国を，ア～エから選びなさい。

ア　シンガポール　　イ　日本　　ウ　イギリス　　エ　オーストラリア

❸ 地球環境問題に関する次のA～Cの資料を見て，あとの問いに答えなさい。　　15点

A　マスクなどで口を覆う子どもたち

B　砂が押し寄せる村

C　北極のうすくなった氷

(1) A～Cと関係の深い環境問題を，次のア～エから選びなさい。

ア　オゾン層の破壊　　イ　砂漠化　　ウ　地球温暖化　　エ　大気汚染

(2) 地球温暖化防止への国際的な取り組みについて説明した次の①，②はそれぞれ何ですか。

① 1997年に採択したもので，温室効果ガスの排出量削減を先進国に義務付けただけでなく，その目標を初めて数値で定めた。

② 2015年に採択したもので，自ら温室効果ガスの排出量削減の目標を設定し，その目標達成のために努力していくことをすべての締約国に義務付けた。

定期テスト予想問題

❹ 次の文章を読んで，あとの問いに答えなさい。

> 　今，地球では，環境問題や_a資源・エネルギー問題，_b貧困問題などが生じている。これらの問題を解決し，（　A　）な社会を実現するためには，文化の多様性を守り，一人一人の人間の生命や人権を大切にする「（　B　）」の考え方で，平和と安全を実現することが求められている。

(1)　文中の（　A　）・（　B　）にあてはまる語句を，それぞれ答えなさい。

(2)　下線部aについて，問いに答えなさい。

　① 　世界で最も多く使われている石炭，石油，天然ガスなどの燃料を何といいますか。

　② 　現在，再生可能エネルギーが注目されています。次のA～Cの発電所では何をエネルギーとした発電が行われていますか。あてはまるものを，あとのア～エから選びなさい。

A	B	C

　ア　太陽光　　イ　地熱　　ウ　バイオマス　　エ　風力

　③ 　再生可能エネルギーの利点と課題について，それぞれ答えなさい。

(3)　下線部bについて，この問題の解決のため，途上国の農産物や製品を，その国の人々の労働に見合う適正な価格で取引することで，経済的自立を目指す運動が行われています。この運動を何といいますか。カタカナで答えなさい。

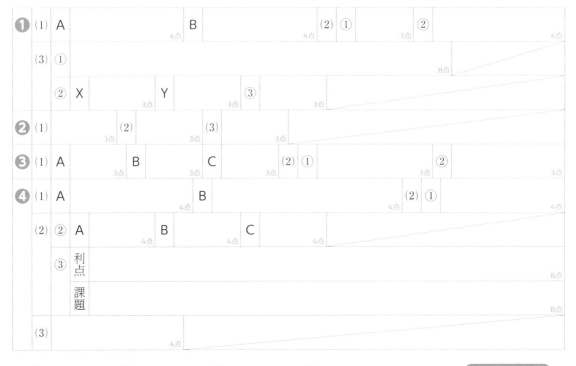

教科書ぴったりトレーニング
〈帝国書院版・中学社会公民〉
この解答集は取り外してお使いください。

第1部 現代社会
第1章 現代社会と文化

p.6 ぴたトレ1

① ①高齢者

1 ②情報通信　③ソーシャルメディア
④SNS　⑤個人情報　⑥サイバー
⑦人工知能　⑧減災　⑨気象
⑩リテラシー

p.7 ぴたトレ2

◆ (1)イ
(2)(例)スマートフォン

◆ (1)ICT　(2)人工知能　(3)減災

書トレ (例)個人情報が流出する事態が起きており，情報を利用する際には，情報を使いこなす能力である，情報リテラシーが求められる。

考え方 ◆(1)40年前に比べて，日本は少子高齢化がすすんでいる。
(2)40年前にはなく，現在にはある通信手段としては，タブレット型端末やスマートフォンなどが考えられる。
◆(1)情報通信技術は，英語ではInformation and Communication Technologyとなり，頭文字をとってICTと略される。
(2)まるで人が情報や知識を基に考えているかのような機能を持つものを，人工知能(AI)という。
(3)災害の被害を減らす取り組みを，減災という。

書トレ 情報化が進展すると，個人情報が流出するなどの悪い影響がみられることがある。そのため，情報を利用する際には，情報を使いこなす能力である情報リテラシーが求められる。

p.8 ぴたトレ1

2 ①依存　②国際競争　③NGO
④国際協調　⑤多文化共生

---

3 ⑥15　⑦65　⑧未婚率
⑨核家族　⑩バリアフリー

p.9 ぴたトレ2

◆ (1)A情報　Bグローバル化
(2)国際協調
(3)ウ

◆ (1)Aア　Bウ
(2)少子高齢化
(3)(例)未婚率の上昇，晩婚化，育児負担が重いこと。
(4)バリアフリー化

書トレ (例)医療技術の進歩や食生活の充実などによって，平均寿命が延びているから。

考え方 ◆(1)大量のヒト，モノ，カネ，情報が国境を越えて活発に移動し，相互に影響し依存を強めている動きを，グローバル化という。
(2)世界各国が協力して取り組むことを，国際協調という。
(3)各国で協力する取り組みであるウが正しい。
◆(1)夫婦のみの世帯や夫婦と未婚の子どもの世帯，父(母)のみと未婚の子どもの世帯をあわせて核家族世帯という。近年は，単独世帯も増えている。
(2)子どもが減り，高齢者が増えている状況を，少子高齢化という。
(3)少子化の原因としては，未婚率が上昇していることや，結婚する年齢が高くなっていること，子育てにかかる費用が多額で育児負担が重くなっていることなどが，代表的な例として挙げられる。
(4)障がいのある人を含むすべての人が，自由に移動や施設の利用ができるように，建物や交通にある障へき(バリア)を取り除くことを，バリアフリー化という。

書トレ 高齢化が進んだ原因に，医療技術が進歩したことや食生活が充実したことなどにより，平均寿命が延びていることが挙げられる。

1 ①衣服　②芸術（げいじゅつ）　③宗教（しゅうきょう）
　④科学技術　⑤画一化

2 ⑥調和　⑦年中行事　⑧和　⑨現在（げんざい）
　⑩無形文化遺産（いさん）

❶ ⑴文化
　⑵a ウ　b イ　c ア

❷ ⑴A 節分（せつぶん）　B 端午の節句（たんご せっく）
　　C 盆おどり（ぼん）　D 七五三
　⑵伝統文化
　⑶スマートフォン
　⑷無形文化遺産

書きトレ！ (例)お互いに異なる文化を尊重（そんちょう）し合い，それぞれの文化の価値を認め，複数の文化の共生を目指すこと。

考え方

❶ ⑴衣食住や芸術，宗教，科学などを文化という。
　⑵a 技術の発展と科学は深く関係している。
　　b 芸術とは人の思いや感情を表現し，他者に伝える創作活動（いの）である。
　　c 墓参りやお祈りなど，様々な宗教的活動が生活習慣に影響を与えている。

❷ ⑶スマートフォンは2000年代に登場した通信機器であり，古くから受け継がれてきたものではない。
　⑷2003年に無形文化遺産保護条約が採択されたことで，芸能や社会的慣習（かんしゅう），祭礼行事，伝統工芸技術などが無形文化遺産として保護されるようになった。

書きトレ！ 異文化とは異なる文化のことであり，共生とは共に生きていくことである。異文化理解とは互いに異なる文化を尊重し合い，共に生きていくことをいう。

第2章 現代社会をとらえる枠組み

1 ①社会集団（しゅうだん）　②社会的存在（そんざい）　③自治会
　④意見　⑤決定

2 ⑥効果（こうか）　⑦費用（ひよう）　⑧配慮（はいりょ）　⑨手続き　⑩結果

❶ ⑴社会集団

---

❶ ⑵イ

❷ ⑴A ア　B ウ
　⑵X 効率　Y 公正

書きトレ！ (例)家族や地域社会などと関わりながら共に生きているから。

考え方

❶ ⑴家族は最も基礎的な社会集団である。
　⑵家族の中でも対立が起きることもあるので，イがあてはまらない。

❷ ⑴A 一列に並んで順番を待ち，空いたところを先頭の人が利用する。公正の考え方となる。
　　B 空いた1席に1人で乗ることで空席を減らし，むだをなくしている。効率の考え方となる。
　⑵X むだが少なく最大の利益を得られるようにする考えを効率という。
　　Y 合意による結論が一人一人に最大限配慮されるようにする考えを公正という。

書きトレ！ 人間は家族や地域社会などと関わらなければ生きていけないことから，社会的存在といわれる。

3 ①平等　②個人（こじん）　③対立　④話し合う
　⑤規模　⑥責任（せきにん）　⑦権利（けんり）　⑧問題

❶ ⑴①個人　②平等
　⑵長所 イ　短所 ア
　⑶契約（けいやく）
　⑷①解決　②対立　③合意
　⑸X ア　Y イ

書きトレ！ (例)きまりを守るという責任や義務が生じ，互いの権利や利益を保障することにもつながる。

考え方

❶ ⑵多数決は多数の意見と少数の意見にわかれることから，少数意見が反映されにくい（ア）という短所がある一方，意見が反映される人の数が多い（イ）という長所がある。
　⑸X 家族での家事の分担は，少人数で決めることから，全員で話し合うのがよい。
　　Y 国の政治のような社会全体の問題は，多くの人に関係することから，選ばれた代表者が話し合うほうがよい。

書きトレ！ 合意によって作られたきまりは，合意した

を持つ人々が共に生きていける社会を，多文化共生社会という。

② (1)地域社会を支える自治会や消防団などの組織は，地域住民によって運営される。

(2)(3)時代とともに家族の形態が変わっていることをおさえておこう。高度経済成長が始まったころは，祖父母といっしょに暮らす三世代世帯が数多く見られたが，現在は三世代世帯は減少している。代わりに，夫婦のみ，夫婦と未婚の子ども，父または母と未婚の子どもという構成の核家族や，ひとりで暮らす人が増えている。

(4)日本国憲法の考え方にもとづいて，民法では家族が協力し合わなければならないこと，親には子どもを教育する権利や義務があることを定めている。

(5)少子化と高齢化が同時に進行している社会を，少子高齢社会という。日本は少子高齢社会である。

(6)保育所の増設，育児や教育費の支援などが求められている。

(7)憩いや安らぎの場，社会的規範とルールを身につける場，育児や介護を協力し合う場，災害や犯罪を防ぐために協力し合う場，伝統文化を継承し，発展させる場など，地域社会の役割を答える。

(8)人間は，家族や地域社会，国，世界の人々とつながり，助け合い，互いを尊重しながら生きている。こうした社会との関わりが，社会的存在といわれる理由である。

③ (1)地域で住民により運営される組織としては，町内会や自治会などが代表的である。

(2)ルールはきまりともいう。むだが少なく最大の利益が得られる考えを効率，一人一人に最大限の配慮を行う考えを公正という。

(3)作られたきまりを守ることで，きまりを守っている人たちの権利や利益が守られる。

④ (1)効率とは効果的にものごとを行うこと，無駄のないこと。公正とは公平でかたよっていないこと。

(2)ほかに①全員の意見が一致するまで話し合う，②代表者が決める，③第三者が決めるという方法も正解とする。それぞれの長所と短所は，①全員が納得することができるが，時間がかかりがちなこと，②早く決まるが，代表者の意見しか反映されない場合があること，③早く決まるが，当事者が納

人々にとってそれを守るという責任と義務が生じる。また，きまりが合意によって作られたことで，互いの権利などを保障することにもつながる。

p.16～17 　　　　　　　　**ぴたトレ3**

❶ (1)Aイ　Bア　Cウ
(2)グローバル化
(3)情報リテラシー
(4)画一化
(5)多文化共生(社会)

❷ (1)地域社会
(2)A核家族　C単独
(3)(例)三世代世帯(家族)
(4)ア社会集団　イ個人の尊厳
　ウ本質的平等
(5)少子高齢社会
(6)(例)子どもを安心して産み，育てられる社会。
(7)(例)地域社会は，住民どうしが助け合う場でもあるから。
(8)社会的存在

❸ (1)(例)自治会
(2)①ウ　②イ　③ア
(3)権利，利益(順不同)

❹ (1)(例)待ち時間が短縮されたので，効率の考え方にかなっているが，席に案内される順番が変わるため公正の点で問題である。
(2)(方法)(例)多数決
　(長所と短所)(例)意見を反映される人の数は多いが，少数意見が反映されにくい。

考え方
❶ (1)パソコンは1990年代半ば以降，急速に普及した。タブレット型端末は2010年代に入ってから普及している。
(2)情報化とグローバル化は関連していることをおさえておこう。運輸や情報通信技術が進歩したことで，大量の商品やヒト，モノ，カネに加え，情報も国境を越えた移動が活発になっている。
(3)情報通信技術をどのように使うかを考える能力を，情報リテラシーという。
(4)文化が似たようになる現象を，文化の画一化という。
(5)互いの文化や価値観を尊重し，多様な文化

　3

得しない場合があること。

もいえる。

単元のココがポイント！

現代社会の特徴と課題を整理しておこう。グローバル化と情報化が進むなか，日本の伝統文化をどう守っていくかが，課題の一つである。

第2部 政治
第1章 日本国憲法

p.18　　　　　　ぴたトレ1

1　①権力　②国家権力　③民主主義
　　④民主政治　⑤多数決　⑥合意
　　⑦立憲主義
2　⑧基本的人権　⑨児童(子ども)の権利
　　⑩法の支配

p.19　　　　　　ぴたトレ2

1　(1)イ
　　(2)①合意　②尊重　③権利
2　(1)A国王　B法　C国民
　　(2)基本的人権

書きトレ！　(例)少数の人の権利が侵害される場合があること。

考え方
1 (1)「あなたが，あなたの国のために何ができるか」とあるので，人々の積極的な社会参画を促していると考えられる。民主主義は国民の積極的な社会参画によって実現し，民主社会が発展する。
　(2)多数決には，少数意見が反映されにくいという短所があり，単に数の多いほうに決めると少数の人の権利を侵害してしまう可能性もある。そのため，多数決だけでない，話し合いによる合意点を見いだすことも重要である。
2 (1)国王と法の位置関係に注目しよう。法の支配とは，誰にでも平等に適用されるルールに基づき，権力を行使することである。人の支配では，国王が法を思うままに定めてしまうため，不公平な法であっても国民はそれに従わなければならない。
　(2)すべての人が，人という理由だけで持つべき権利を，基本的人権という。

書きトレ！　多数決のデメリットは，民主主義の欠点と

p.20　　　　　　ぴたトレ1

3　①大日本帝国憲法　②臣民の権利
　　③公布　④施行
4　⑤国民　⑥基本的人権　⑦平和　⑧象徴
　　⑨国事行為
5　⑩自衛隊　⑪集団的

p.21　　　　　　ぴたトレ2

1　(1)国民
　　(2)国民主権，基本的人権の尊重，平和主義(順不同)
　　(3)象徴
　　(4)国事行為
2　(1)建物名　原爆ドーム
　　　県名　広島(県)
　　(2)非核三原則
　　(3)①ウ　②ア　③イ

書きトレ！　(例)防衛費を抑制するなどして，経済発展に予算を割いたから。

考え方
1 (1)大日本帝国憲法から日本国憲法になって，主権者が天皇から国民に変わった。第二次世界大戦の終戦後，平和かつ民主的な社会をつくるために，大日本帝国憲法の改正が求められた。連合国軍総司令部(GHQ)がつくった改正案を基礎に，総選挙で選ばれた衆議院議員を含む帝国議会で，約3か月にわたって審議され，一部修正のうえ日本国憲法として制定された。日本国憲法の成立は，日本という国のあり方そのものを変えたということを覚えておこう。
　(2)国民主権は，政治のあり方を最終的に決める権力が国民にあるということ。基本的人権の尊重は，個人の尊重を根本とし，平等権や自由権，社会権などを保障するもの。平和主義は，第二次世界大戦の反省にたって，戦争を放棄し，戦力を持たないことを宣言するもの。
　(3)天皇は国の象徴であり，国民統合の象徴。国の政治を行う権限は一切持っていない。
　(4)天皇の国事行為には，内閣の助言と承認が必要で，内閣がその責任を負う。
2 (1)戦争や核兵器の惨禍を後世に伝える建造物

として世界文化遺産に登録されている。広島に原爆が落とされたのは8月6日，長崎に原爆が落とされたのは8月9日であることも覚えておこう。

(2)日本は，非核三原則をかかげ，世界の核兵器廃絶に向けて取り組んでいる。

(3)自衛隊の発足の歴史や海外への派遣について覚えておこう。また，災害派遣で活躍していることもおさえておこう。

書きトレ! 防衛費をおさえたことによって，国民生活に直接関連する分野や，経済発展に関連する分野に，多くの予算が投入された。

---

p.22　ぴたトレ1

1 ①13　②人権　③平等　④不断

2 ⑤国家　⑥思想・良心の自由　⑦信教の自由　⑧学問の自由　⑨職業　⑩知的財産権　⑪自白

---

p.23　ぴたトレ2

① (1)基本的人権

(2)イ

② (1)生命・身体の自由
　経済活動の自由(順不同)

(2)A 思想　B 結社

(3)知的財産権

(4)著作権

書きトレ! (例)音楽のような作品を知的財産として保護することで，得られたお金で新しい作品を作ったり，作家の活動を支えたりすることができるから。

考え方
① (1)基本的人権の根本には，一人一人の人格を尊重し，大切にするという原理がある。

(2)日本国憲法第13条は「生命，自由及び幸福追求に対する国民の権利については，公共の福祉に反しない限り，立法その他の国政の上で，最大の尊重を必要とする。」と規定しており，個人の自由は国家によって介入を受けるべきではないので，イが間違っている。

② (1)自由権は，精神活動の自由，生命・身体の自由，経済活動の自由の三つに分けられる。自由権は人権として，最も古くから認められてきた権利。社会はさまざまな考え方を

持つ人で構成されており，自分の自由を主張するだけでなく，互いに自由を認め合うことで成り立つ。

(2)精神活動の自由には，四つの条文がある。第19条では思想及び良心の自由が，第20条では信教の自由が，第21条では集会・結社・表現の自由が，第23条では学問の自由が規定されている。

(3)(4)知的財産権の一つに，著作権がある。知的財産権にはこのほかに，商標権や特許権，意匠権などもある。

書きトレ! 音楽や物品のデザインなどに使用するブランドマークを保護することは，新しい作品が作られたり作家の活動を支えたりすることにつながる。

---

p.24　ぴたトレ1

3 ①14　②全国水平社　③男女共同参画　④雇用機会

4 ⑤アイヌ文化　⑥先住　⑦韓国・朝鮮人　⑧ヘイトスピーチ　⑨HIV　⑩ハンセン病

---

p.25　ぴたトレ2

① (1)14(条)

(2)部落差別

(3)男女共同参画社会基本法

(4)ウ

② (1)①ア　②ウ　③イ

(2)ヘイトスピーチ

(3)バリアフリー化

書きトレ! (例)差別を受けている人に優遇措置を設け，実質的に平等になるようにする取り組み。

考え方
① (1)平等権について，日本国憲法第14条第1項は「すべて国民は，法の下に平等であって，人種，信条，性別，社会的身分又は門地により，政治的，経済的又は社会的関係において，差別されない。」と定めている。

(2)部落差別は同和問題ともよばれる。1922年には，被差別部落出身者により全国水平社が結成された。

(3)現在は，社会のあらゆる場で男女が共に活動し，責任を担う社会が目指されている。

(4)夫婦別姓に対する反対意見の一つとして，

親子の姓が異なると不都合が生じる場合が
あることが挙げられる。

② (1)①は感染症が病気であることから病気への
差別とわかる。②はアイヌの人々への差別
で，1997年にアイヌ文化振興法が施行され
ている。③は在日韓国・朝鮮人差別で，戦
前からあった蔑視などが続いている。

(2)特定の人種，民族，宗教，国籍，性別など
をおとしめたり，差別をあおったりするヘ
イトスピーチが社会問題化し，2016年にヘ
イトスピーチ解消法が成立している。

(3)障がいのある人や高齢者などが移動する際
の障へきとなるバリアを取り除くことを
バリアフリー(化)という。

わからい ポジティブ・アクションとは，差別を受け
ている人に優遇措置を設け，実質的に平等
になるようにする取り組みのことで，日本
では男女の労働者間の格差是正などの取り
組みが進められている。

p.26～27 ぴたトレ3

① (1)A 国民　B 象徴　C もたない(または，戦
力の不保持)

(2)国民主権，基本的人権の尊重，平和主義(順
不同)

(3)臣民(の権利)

(4)(公布)1946年11月3日
(施行)1947年5月3日

⚠ **ミスに注意**
公布と施行
◆両日とも祝日に
・公布日…文化の日
・施行日…憲法記念日

(5)(例)憲法によって国家の権力を制限して
人々の権利を守るという政治のあり方。

(6)専制政治　(7)モンテスキュー

② (1)A 法の下　B 両性

(2)ヘイトスピーチ

(3)(例)一人一人の人格を尊重し，生き方を大
切にすること。

(4)①エ　②イ　③ア　④ウ

(5)全国水平社　(6)ア

③ (1)集団的自衛権

(2)①ウ　②ア　③イ　④エ

(3)(違憲)憲法第9条や平和主義に反する。
(合憲)自衛隊は戦力ではなく，自衛のため
の必要最小限度の実力組織である。

考え方 ① (1)国民が定める憲法のことを民定憲法という。
大日本帝国憲法では天皇は主権者だったが，

日本国憲法では象徴とされている。

(2)日本国憲法の三大原理は，基本的人権の尊
重，国民主権，平和主義である。憲法の根
本を大きく変えるような改正はできない。

(3)大日本帝国憲法では国民は臣民とよばれた。

(4)国民に広く知らしめるのが公布で，法とし
て効力を持つようになるのが施行である。

(5)憲法は，国の基本法という以外に，国家権
力を制限するはたらきがあることも覚えて
おこう。

(6)民主主義の「法の支配」に対して，専制政治
は「人の支配」といわれる。たとえ国の政治
が法に基づいていたとしても，その法を国
王や一部の人々が思うままに定めていては，
「法の支配」とはいえない。

(7)三権分立は，フランスのモンテスキューが
著書『法の精神』のなかで説いている。

② (1)平等権とは，不合理な区別を禁じること。
表の四つの条文を覚えておこう。

(2)ヘイトスピーチは近年，日本でもインター
ネットを通じて拡大しており，ときには差
別をあおるようなデモも行われており，問
題となっている。

(3)基本的人権の根本に個人の尊重がある。国
の政治において，国民一人一人の生命，自
由および幸福追求の権利が最大限尊重され
るのも，個人の尊重が基礎にあるため。

(4)現在も会社の管理職や国会議員などはまだ
まだ女性の割合は低く，今後の課題である。

(5)江戸時代の，えた身分，ひにん身分という
差別は，明治時代に出された解放令によっ
て解決したとされたが，実際の生活では根
強く残っていた。そこで，1922年に被差別
部落出身者が自らの手で自由と平等を勝ち
取るため，全国水平社を結成した。

(6)アは2016年に施行された障害者差別解消法
の内容のため誤りである。

③ (1)武力攻撃を受けた他国からの要請に基づい
て，その国の防衛のための武力行使を行う
権利を，集団的自衛権という。武力攻撃を
受けた国が必要かつ相当な限度において，
防衛を目的に武力行使を行う権利は，個別
的自衛権である。

(2)平和主義を宣言している日本国憲法第9条
の条文は覚えておこう。

(3)自衛隊の存在については，違憲，合憲，両
方の意見を確認しておこう。

p.28 **ぴたトレ1**

5 ①社会権　②ワイマール憲法　③文化
④生活保護　⑤勤労　⑥労働基本権
⑦団結権

6 ⑧公共　⑨選挙権　⑩被選挙権
⑪国務請求権　⑫普通教育

p.29 **ぴたトレ2**

◆ (1)生存権

(2)ア

(3)(第)27(条)

(4)団結権，団体交渉権，団体行動権(順不同)

◆ (1)ア

(2)18(歳)

(3)国務請求権

(4)勤労の義務

書きトレ! (例)すべての人の権利が等しく尊重され，
あらゆる人の快適さや幸福につながること。

考え方

◆ (1)生活保護は，生存権を具体的に保障するための制度。

(2)グラフから，2018年度の生活保護受給世帯数は約164万世帯で，最も少ない1990年代前半の約59万世帯に比べて約3倍に増えていることがわかる。

(3)勤労の権利については，日本国憲法第27条第1項に「すべて国民は，勤労の権利を有し，義務を負ふ。」と規定されている。

(4)労働基本権は団結権，団体交渉権，団体行動権からなる。

◆ (1)裁判を受ける権利(ア)は，参政権ではなく国務請求権のうちの一つ。選挙で投票する権利である選挙権(イ)と，選挙に立候補する権利である被選挙権(ウ)は参政権に含まれる。

(2)グラフからは，18歳から選挙権が与えられている国が最も多いとわかる。

(3)国民が国家に意見を述べたり権利の実現を求めたりする権利を，国務請求権という。

(4)国民の三大義務は，保護者が子どもに普通教育を受けさせる義務，納税の義務，勤労の義務である。

書きトレ! 公共の福祉とは，社会の大多数の人々の利益のことであり，あらゆる人の快適さや幸福につながることといえる。公共の福祉を理由とした人権の制限が行われる場合がある。

る。

p.30 **ぴたトレ1**

7 ①13　②プライバシー　③個人情報保護
④情報公開　⑤自己決定
⑥インフォームド・コンセント
⑦環境権　⑧日照権　⑨国籍　⑩外国人

p.31 **ぴたトレ2**

◆ (1)個人情報保護法

(2)ウ

(3)知る権利

(4)情報公開法

(5)(医療における)自己決定権

(6)ウ

(7)日照権

書きトレ! (例)(一部の例外を除いて，)国籍を問わず保障されるべきである。

考え方

◆ (1)2005年に施行された法律。個人情報の保護はプライバシーの権利に含まれる。

(2)グラフから，インターネットを利用した人権侵害事件の数が2019年には，全体で約2000件あったことがわかる。

(3)(4)国家や地方公共団体が保有している情報の公開を求める権利は，知る権利である。知る権利を保障するために，2001年に情報公開法が施行され，中央省庁の書類は原則として公開が義務づけられている。

(5)重病になったときに治療方法などを自分で決定する権利でもある。

(6)建物を傾斜させることで，隣接する建物に日光があたるようにしている。

(7)良好な環境で暮らせる権利が環境権で，そのなかに日あたりを求める日照権がある。

書きトレ! 外国人の人権についても，参政権などの一部の例外を除いて，国籍を問わず保障されるべきである。

p.32 **ぴたトレ1**

1 ①国家機関　②三権分立　③立法
④権利　⑤国民審査

2 ⑥最高法規　⑦憲法保障
⑧最高裁判所(最高裁)　⑨3分の2
⑩国民投票

ぴたトレ2

① (1)A 立法権　B 行政権　C 司法権

(2)三権分立

(3)最高裁判所

② (1)イ

(2)3 分の 2 以上

書きトレ！(例)国会が作る法律や内閣が定める政令などが憲法に違反していないか，裁判所が審査すること。

考え方

① (1)国民が選挙を行うAは立法，国民が世論によって影響を与えるBは行政，国民審査が行われるCは司法となる。

(2)権力を三つに分けて，それぞれ別の機関に担わせることを三権分立という。

(3)国民審査は，最高裁判所の裁判官が対象である。

② (1)国会議員や国務大臣，裁判官その他の公務員は憲法を尊重し擁護する義務があることが日本国憲法第99条に規定されている。

(2)日本国憲法改正の際の国会の発議には，各議院の総議員の 3 分の 2 以上の賛成が必要である。

書きトレ！違憲審査とは，法律や政令などが憲法に違反していないかを裁判所が判断するものである。最高裁判所は違憲審査について最終的な判断を下すことから「憲法の番人」と呼ばれる。

ぴたトレ3

① (1)A 勤労　B 労働基本権　C 団結権

(2)社会権

(3)(例)健康で文化的な最低限度の生活を営む権利。

(4)ストライキ

(5)普通教育を受けさせる義務

② (1)プライバシー

(2)(例)自分の個人情報を誰に伝え，誰に伝えないかを決定できること。

(3)①ウ　②ア　③エ

(4)自己決定権

(5)情報公開法

(6)(賛成)(例)憲法で表現の自由が保障されており，公開は自由である。

(反対)(例)有名人であってもプライバシーは尊重されるべきである。

③ (1)①立法　②行政　③司法

(2)三権分立

(3)① B　② C　③ A

(4)(例)権力の濫用を正せず，国民にとって不公正な法律がつくられたりする。

考え方

① (1)労働に関する権利は，第27条の勤労の権利と，第28条の労働基本権(労働三権)に規定されている。労働基本権には団結権，団体交渉権，団体行動権があてはまる。

(2)人間らしい生活を行えるよう国家が支える義務があるという考えのもとに保障される権利は，社会権である。

(3)生存権について，日本国憲法第25条は第 1 項で「すべて国民は，健康で文化的な最低限度の生活を営む権利を有する。」と規定している。

(4)団体行動権に含まれる，労働者が自らの要求を認めてもらうために集団で仕事を放棄することを，ストライキという。

(5)社会権のうち，教育を受けさせる権利に関しては，日本国憲法第26条第 2 項で「すべて国民は，法律の定めるところにより，その保護する子女に普通教育を受けさせる義務を負ふ。義務教育は，これを無償とする。」と規定されている。

② (1)(2)インターネット上のプライバシーの侵害は，個人情報が第三者にわたってしまうことなどを指す。また，ひどい言葉を用いた書きこみや，不確かな情報に基づく無責任な書きこみによって，人の尊厳を傷つけ，社会的評価を低下させる名誉毀損などの人権侵害も起きている。グラフは，全国の法務局の調査による件数であり，実際にはもっと多くの事件が起きていると推測される。

(3)憲法の幸福追求権に基づいて，法律を整備して，新しい人権を保障する動きがある。

(4)患者の意思を尊重するために，インフォームド・コンセントという，患者への病気の告知や治療方針の説明も行われている。

(5)情報化が進み，国や地方公共団体には多くの情報が集まっている。知る権利は，主権者が自分なりに意思決定するための前提になる重要な権利といえる。

(6)賛成の例として「有名人の情報を知りたい人は多く，人の役に立つ」という意見や，

反対の例として，「他人の好奇心を満たすことが目的で，社会的意義は少ない」という意見も考えられる。

❸ (1)(2)民主政治においては，一つの機関に権力が集中しすぎないように，三権分立の原則がとられている。日本では，国会が立法権を，内閣が行政権を，裁判所が司法権を担う。

(3)①内閣が国会の権力の濫用を防ぐためのしくみとしては，内閣から国会へ向けて矢印がのびているB（衆議院の解散など）があてはまる。②国民が政治の代表者を選ぶしくみは，国民から国会へ向けて矢印がのびているC（選挙）があてはまる。③国会が内閣の権力の濫用を防ぐためのしくみは，国会から内閣へ矢印がのびているA（内閣総理大臣の指名・内閣不信任の決議）があてはまる。

(4)国家権力を一つの機関に独占させると，権力の濫用を正すことができなくなり，権力が暴走する危険がある。

第 2 章　民主政治

p.36　　　　　ぴたトレ1
1 ①調整　②地方公共団体　③直接民主
④間接民主　⑤議会
2 ⑥公約　⑦政権公約　⑧大衆
⑨マスコミュニケーション（マスコミ）
⑩メディアリテラシー

p.37　　　　　ぴたトレ2
❶ (1)直接民主制
(2)間接民主制
(3)①調整　②利益
❷ (1)世論
(2)イ
(3)マスメディア
(4)(例)新聞，テレビ（順不同）
(5)マニフェスト

書きトレ！ (例)大量にある情報の中から信頼できる情報が何かを冷静に判断する力が必要になる。

考え方 ❶(1)(2)国民の意思を直接政治に反映させる制度を直接民主制，選挙によって代表者を選んで政治に国民の意思を反映させる制度を間

接民主制という。

(3)政治とは，対立を調整する努力を通じて社会の利益を増進していく働きといえる。

❷ (1)政治家は，世論の支持があってこそ選挙で選ばれ，政策を実現することができる。

(2)国民が最も要望しているのは社会保障の整備であり，アは誤り。物価対策よりも景気対策を要望する人が多いので，イが正しい。約半数の人が高齢社会対策を要望しているので，ウは誤り。

(3)テレビや新聞のように大量の情報を多くの人々に伝える手段をマスメディアという。マスコミュニケーション（マスコミ）は，報道機関の呼び名にもなっている。

(4)テレビや新聞などのマスメディアは，政治が取り組むべき課題などを社会に伝え，世論に影響を与える。

(5)漢字では政権公約と書く。

書きトレ！ 大量の情報が簡単に手に入るが，マスメディアがつねに正確な情報を伝えているとは限らず，事実をおおげさに書きたてて報道するようなこともある。そこで，情報をうのみにせず，信頼できる情報は何かを冷静に判断する力（メディアリテラシー）が必要になる。

p.38　　　　　ぴたトレ1
3 ①政策　②政党政治　③自由民主党
④連立政権
4 ⑤普通　⑥平等　⑦秘密　⑧直接
⑨小選挙区　⑩比例代表　⑪政党交付金

p.39　　　　　ぴたトレ2
❶ (1)①野党　②与党
(2)政党政治
(3)連立政権
(4)55年体制
❷ (1)①候補者　②政党
(2)小選挙区比例代表並立制
(3)ウ
(4)秘密選挙

書きトレ！ (例)政策を実現するために政権を獲得すること。

考え方 ❶(1)政権を担当する政党が与党で，そうでない政党が野党。野党は，自分たちの政策が実

現するように国会で活動するほか，与党の
政策に誤りがないか，国会で議論する。
(2)国民は複数の政党のなかから自分の考えに
近い政党を選び投票できるため，選挙で国
民の意見を政策に反映することができる。
(3)1990年代以降に，支持政党を持たない無党
派層が拡大し，政党の再編成が進んだこと
から，連立政権となることが多くなった。
(4)1955年から自由民主党(自民党)が与党で，
日本社会党(現在の社会民主党)が野党とい
う状態が長く続いていた。これを55年体制
という。

②(1)(2)１人の候補者に投票するのが小選挙区制
で，政党に投票するのが比例代表制。衆議
院では，両方を合わせた小選挙区比例代表
並立制が導入されている。小選挙区と比例
代表の両方に立候補することも認められて
いる。参議院は，原則として都道府県を単
位とする選挙区選挙と，全国を一つの選挙
区とする比例代表制を組み合わせており，
政党名の得票と個人名の得票を組み合わせ
て計算する非拘束名簿式が採用されている。
(3)アは「少なくなる」が間違いで，イは「小さ
な党が有利」が間違い。小選挙区制では，
死票とよばれる当選に反映されない票が多
くなる。なお，比例代表制はさまざまな世
論を反映できるというメリットがある一方
で，多くの政党が乱立して政治が不安定に
なるおそれもある。
(4)選挙の原則は，18歳以上の国民なら誰でも
投票できる普通選挙，１人１票投票する平
等選挙，無記名で投票する秘密選挙，有権
者が直接投票する直接選挙の四つ。

書きトレ／ 政策を実現するためには，政権を獲得しな
ければならない。

p.40　ぴたトレ1

1 ①立法　②内閣総理　③弾劾
④国政調査　⑤二院　⑥解散
2 ⑦常会　⑧３分の１　⑨本会議　⑩党首討論

p.41　ぴたトレ2

1 (1)二院制
(2)衆議院の優越
(3)ウ
(4)①立法　②最高

---

② (1)①委員会　②本会議
(2)議員立法
(3)特別会(特別国会)
(4)党首討論(クエスチョンタイム)

書きトレ／ (例)正しい政策の決定に必要な情報を収集
し，調査するという国会の権利。

考え方

1 (1)衆議院と参議院の２つの院で審議を行うこ
とを，二院制という。多様な意見を反映し，
慎重な審議が行えるように二院制をとって
いる。
(2)(3)衆議院は任期が参議院よりも短く解散も
あることから，世論を反映しやすいため，
衆議院の優越が認められている。しかし，
憲法改正の発議については衆議院の優越は
認められていない。
(4)日本国憲法第41条は「国会は，国権の最高
機関であって，国の唯一の立法機関であ
る。」と規定している。

② (1)法律案は議長に提出されると関連する委員
会に送られて審議され，その後に本会議に
送られる。
(2)法律案のうち，国会議員が提出したものは
議員立法と呼ばれる。法律案は国会議員の
ほかに内閣も提出できる。
(3)衆議院解散後の総選挙の日から30日以内に
召集され，主に内閣総理大臣の指名を行う
国会を，特別会(特別国会)という。
(4)与党と野党の党首が直接討論する党首討論
(クエスチョンタイム)は1999年から国会で
導入されている。

書きトレ／ 国会が正しい政策決定に必要な情報を収集
し調査する権利を，国政調査権という。

p.42　ぴたトレ1

3 ①行政　②内閣総理大臣(首相)　③国務大臣
④閣議　⑤大統領
4 ⑥公務員　⑦奉仕　⑧拡大　⑨行政改革
⑩規制緩和

p.43　ぴたトレ2

1 (1)A内閣総理　B国務
(2)閣議
(3)①ウ　②エ
　③イ　④ア
② (1)ウ
(2)①経済産業省　②国土交通省

③文部科学省

(3)行政改革

■書きトレ！ (例)議院内閣制は内閣が国会に連帯して責任を負うが，大統領制は大統領と議会が独立している。

考え方

① (1)内閣は，内閣総理大臣と国務大臣で構成される。内閣総理大臣は国会議員のなかから指名され，国務大臣は過半数を国会議員がつとめる。

(2)閣議には内閣総理大臣と国務大臣全員が出席し，全会一致によって決定がなされる。

(3)内閣は国会の意思を執行するように憲法で定められており，衆議院は内閣に行政をまかせることができないと判断した場合に，内閣不信任決議を行うことができる。内閣が衆議院を解散した場合でも，総選挙後に初めて召集された国会で，内閣は総辞職しなければならない。

② (1)アは「国会議員」の部分が誤り。正しくは公務員。イは「選挙で選ばれる」の部分が誤り。公務員は選挙ではなく，試験に合格することによって職に就く。

(2)庁と省のつながりでは，ほかに消防庁(総務省)，林野庁・水産庁(農林水産省)，中小企業庁・特許庁(経済産業省)，海上保安庁・観光庁(国土交通省)なども覚えておこう。

(3)国民自身の努力で対応できる部分にまで行政の力がおよんでいる，行政の指導が強すぎるために企業の活力が弱まっているのではないかという意見がある。そうしたなかで効率的な行政を目指す行政改革や国から地方に権限や財源を移す地方分権が進められている。また，民間企業でできることは民間企業にまかせるという行政の規制緩和も進められている。新たな分野に民間企業が参入しやすくなることで，経済の活性化が期待されている。しかし，民間企業は利益にならなければ事業をやめてしまい，その結果国民生活に影響が出ることも考えられるので，どこまで規制緩和を進めるべきなのか議論が続いている。

■書きトレ！ 議院内閣制は，内閣が国会に対して連帯して責任を負う制度である。アメリカなどの大統領制では，大統領と議会は独立しており，大統領と議会の議員は別の選挙で選ば

れる。

p.44 ぴたトレ1

5 ①司法 ②裁判所 ③民事裁判 ④原告 ⑤被告 ⑥起訴 ⑦上告

6 ⑧推定無罪 ⑨法科 ⑩裁判員制度

p.45 ぴたトレ2

① (1)A 最高 　B 高等
(2)①控訴 　②上告
(3)三審制
(4)民事裁判

② (1)イ
(2)推定無罪の原則
(3)6 (人)
(4)少ない

■書きトレ！ (例)裁判を公正・中立に行うため，裁判所は内閣や国会などのほかの機関から独立している。

考え方

① (1)(2)(3)第一審は，地方裁判所・家庭裁判所・簡易裁判所のいずれかで行われ，判決に不満があれば上級の裁判所に控訴し，さらに不満があれば上告することができる。裁判では慎重な審理が行われるものの，常に正しい判決が下されるとは限らないので，より慎重に審理して間違いをなくすためにこのような制度がとられている。

(4)個人の間の権利や義務の対立を解決するのが民事裁判で，法律に違反する犯罪があったかどうかを判断し，あった場合はそれに対する刑罰を決めるのが刑事裁判。

② (1)イの「法科専門学校」が誤りで，正しくは「法科大学院」。法科大学院は，法律を学んだ人以外からも学生を集め，実務能力や社会常識を備えた法曹の養成を目的としている。法科大学院を修了しても，法曹になるには司法試験に合格し，司法修習を経なければならない。ウの法テラス(日本司法支援センター)は2006年につくられ，アの裁判員制度は2009年から始まった。

(2)被疑者や被告人が有罪の判決を受けるまで無罪とみなされる原則を，推定無罪の原則という。

(3)裁判員裁判は重大な刑事事件の第一審で行われる。裁判員裁判は原則として裁判員

6人と裁判官3人で行われる。

(4)表からは日本の人口10万人に対する弁護士の数は，アメリカに比べると少ないことがわかる。

書きトレ! 裁判を公正・中立に行うため，裁判所(司法権)は内閣や国会などのほかの機関から独立している。これを司法権の独立という。

p.46〜47 **ぴたトレ3**

❶ (1)①イ ②ア ③エ ④ウ
⑤カ ⑥オ ⑦キ ⑧ク

(2)(例)多様な意見を反映し，慎重な審議を行うため。

(3)一票の格差

(4)(例)憲法が保障する参政権の平等に違反するため。

(5)秘密選挙

❷ (1)①イ ②ア ③エ ④ウ

(2)A内閣府 B国土交通省

(3)国家公務員

(4)規制緩和

(5)(例)民間企業は利益にならないことはしないため，利益の上がらない分野では国民生活に悪影響が出る。

❸ (1)①高等裁判所 ②地方裁判所
③簡易裁判所

(2)三審制

(3)①イ ②ア ③イ

(4)(例)何ものにも染まらないという意味がこめられている。

考え方

❶ (1)任期や被選挙権など，衆議院と参議院で異なる部分を覚えておこう。

(2)「多様な意見」「慎重な審議」などの言葉が示されていれば正解とする。基本的には衆議院と参議院の議決が一致することで国会の議決となる。一致しない場合は，両院協議会が開かれることがあり，それでも一致しない場合は，衆議院の優越が認められている。

(3)(4)資料は衆議院の選挙区における議員1人あたりの有権者数を表している。全国最高の選挙区では議員一人あたり約47万5000人の有権者がいるのに対して，全国最低の選挙区では議員一人あたりの有権者数は約23万4000人である。つまり，一票の価値に差

が生じていることを意味する。こうした「一票の格差」が憲法の保障する参政権の平等に違反するという裁判所の判決も下されている。

(5)日本国憲法第15条で保障されている。残りの三つの選挙の原則は，原則として18歳以上の国民ならだれでも投票できる普通選挙，1人1票の平等選挙，有権者が直接投票する直接選挙である。

❷ (1)与党は，党首を中心とした内閣を組織して政策の決定と実施にあたる。野党は自分たちの政策が実現するように国会で活動し，さらに与党の政策に誤りがないか，国会で議論を続ける。

(2)宮内庁や国家公安委員会などは内閣府の下におかれる。また，気象庁や海上保安庁などは国土交通省の外局である。それぞれの中央省庁の役割などについて理解しておこう。

(3)中央省庁で働く人々は，国家公務員という。

(4)中央省庁が担っていた業務について，民間企業にできることは民間企業に任せる流れがある。

(5)民間企業は利益にならないことはしないため，利益の上がらない分野での規制緩和によってサービスが行き届かなくなり国民生活に悪影響が出る可能性が考えられる。

❸ (1)下級裁判所には高等裁判所，地方裁判所，家庭裁判所，簡易裁判所がある。それぞれの裁判所の関係はおさえておこう。

(2)一つの事件について3回まで裁判を受けられるしくみを，三審制という。

(3)刑事裁判は盗みなどの犯罪に対してその罪を裁く裁判で，被疑者を検察官が起訴し，起訴された被疑者は被告人と呼ばれる。刑事裁判のうち，重大な刑事裁判の第一審においては裁判員裁判が行われている。民事裁判は私人間の争いなどを取り扱い，訴えた側は原告，訴えられた側は被告という。行政機関が訴えられる行政裁判は，民事裁判に含まれる。

(4)裁判官が着ている黒い服(法服)には，何ものにも染まらないという意味がこめられている。

p.48 **ぴたトレ1**

❶ ①地方自治体 ②特別区 ③住民自治
④団体自治 ⑤民主主義の学校

⑥地方自治法　⑦対等　⑧権限

❶ (1)防災対策

(2)4 (番目)

(3)特別区

(4)住民自治(の原則)

(5)地方自治法

(6)地方分権一括法

(7)イ

書きトレ! (例)地方自治は，住民が主体的に，直接政治に参加できる場面が多いから。

考え方 ❶ (1)(2)図では，「力を入れるべき政策」で最も割合が大きいのは防災対策となっている。2番目に大きいのは高齢者がいきいきと生活できる環境づくりで，3番目が介護サービスの充実，4番目が防犯対策となっている(2018年)。

(3)墨田区や千代田区など東京23区は，市町村とほぼ同じ権限が与えられている。

(4)その地域に住む住民自身がみんなで問題を解決するという政治のあり方を，住民自治の原則という。

(5)地方自治の組織や運営方法などは，地方自治法に定められている。

(6)国と地方公共団体が対等の関係で仕事を分担することを目指して2000年に施行された法律は，地方分権一括法である。

(7)アは地方分権一括法の考えと反対の考えであり，正しくない。国が地方に権限を移譲することは地方分権なので，イが正しい。道州制は地方自治の権限の縮小とはつながらないので，ウは正しくない。最終的に国の権限をすべて地方に移譲しようとしているわけではないので，エは正しくない。

書きトレ! 地方自治は民主主義の学校であるという言葉は，イギリスの政治学者ブライスなどが述べている。国政に比べて，地方自治は住民が直接，主体的に政治に参加できる場面が多い。

② ①議員　②条例　③行政　④二元代表制
⑤やり直し　⑥解散　⑦不信任
⑧直接請求　⑨住民投票　⑩非営利組織

❶ (1)①A地方議会　　B首長

②直接選挙

③予算(もしくは条例)

④二元代表制

(2)①直接請求権

②あ条例　　い議会

う$\frac{1}{50}$　　え$\frac{1}{3}$

(3)ア

書きトレ! (例)地方議会と首長が互いに監視し合うことで，権力が一方に集中しないようになっているから。

考え方 ❶ (1)①都道府県議会や市町村議会は地方議会(A)と呼ばれる。知事や市町村長は首長(B)と呼ばれる。③首長は予算や条例の案を考え，地方議会が予算や条例を決定する。②④住民が地方議会の議員と首長をそれぞれ直接選挙で選ぶことを二元代表制という。これにより，地方議会と首長が互いに監視して，一方に権力が集中しないようになっている。

(2)有権者の署名を集めて，首長や地方議員などの解職，議会の解散などを請求できる権利を直接請求権という。おもなものは五つあるので，必要な署名数と請求先を覚えておこう。

(3)条例は地方公共団体が定めるきまりであり，住民には条例を守る義務があるので，アが正しい。住民には地方公共団体への納税の義務もあるので，イは誤り。地域行事への参加は任意であるべきで，住民の義務ではないので，ウは誤り。

書きトレ! 「権力が一方に集中しないようになっている」という点にふれられていれば正解とする。二元代表制では，地方議会と首長の意見が対立した場合に，首長は議会に議決のやり直しを求めたり，議会を解散したりすることができる。議会は，首長の不信任を議決することができ，不信任が議決されれば，首長は辞職するか，議会を解散しなければならない。

③ ①地方財政　②歳出　③地方交付税交付金
④国庫支出金　⑤自主財源　⑥依存財源
⑦オンブズマン

p.53　　　　　　　ぴたトレ**2**

① (1)民生(費)

(2)イ

(3)土木費

(4)オンブズマン

(5)自治体財政健全化法

② (1)Aウ　Bイ　Cア

(2)公職選挙法

ぴたトレ (例)将来も安定した財源を得るために，子育て支援などを充実させること。

考え方

① (1)児童，高齢者，障がい者の福祉施設を整備・運営する費用は民生費に含まれる。

(2)総務費には地方公共団体職員の給与などが含まれるので，イが正しい。アは公債費，ウは衛生費にあたる。

(3)土木費は道路や河川，住宅，公園などの公共施設を建設・整備するための費用。

(4)オンブズマンは，住民からの要求を受けて，税金の使い方などを調査・監視し，地方公共団体に改善を勧告する。語源はスウェーデン語の「代理人」。日本初の公的なオンブズマン制度は，1990年に神奈川県の川崎市で作られた。オンブズパーソンとよばれることもある。

(5)地方公共団体は，地方債を発行して借金をしているが，歳出と歳入のバランスが崩れて，借金を返済しきれず財政が破綻してしまうこともある。そのようなときに国の監督の下，財政の立て直しが図られる。

② (1)年齢の高い世代ほど，投票率が高くなっており，若い世代だけが全体の平均を下回っている。このような若い世代の多くが投票を棄権している状態が続くと，政治家は投票する人の多い年長の世代の意見ばかり取り入れるようになることが考えられる。さらに，少子高齢化によって日本の人口に占める若い世代の割合は減り続けているという背景もあるので，若い世代の意見を政治に反映させるには，今まで以上に積極的な政治参加が求められる。

(2)選挙権年齢や選挙の方法などについて定めている法律は，公職選挙法である。

ぴたトレ 地方財政を持続可能にするためには，将来にわたって安定した財源を確保する必要が

ある。そのためには，子育て支援などを充実させたり，不要な支出を減らしたりする取り組みが考えられる。

p.54〜55　　　　　　ぴたトレ**3**

① (1)二元代表制

(2)①条例　②不信任
③解散　④執行

(3)①ウ　②イ　③ア

(4)(首長の解職)有権者の$\frac{1}{3}$以上

(条例の制定)有権者の$\frac{1}{50}$以上

② (1)自主

(2)②地方交付税(地方交付税交付金)
③国庫支出金

(3)(例)義務教育，公共工事(順不同)

(4)自治体財政健全化法

(5)①寄付　②住民税

③ (1)(例)18〜30歳代の有権者のなかに，投票していない人が多いから。

(2)(例)国民の生活や意見を無視する無責任な政府を生み出す。

(3)①国民　②憲法　③請求

(4)住民投票

(5)(例)地域の特産品などがキャラクターの元になっていることが多く，地方公共団体の知名度をおし上げている。

考え方

① (1)地方議会と首長がお互いを監視して，一方に権力が集中しないようになっている。

(2)首長は議会に対して議決のやり直しを求めたり，議会を解散したりすることができる。一方，議会は，首長が提案する条例案や予算案の議決を行うほか，首長に対して不信任決議を行うことができる。

(3)首長を直接選挙で選んだり，直接請求権があるなど，地方自治では住民が直接参加する機会が多い。これを直接民主制といい，国の政治では憲法改正の国民投票や，最高裁判所裁判官の国民審査などがある。

(4)直接請求権の内容は五つあるが，必要な署名は有権者の$\frac{1}{50}$以上と(原則として)有権者の$\frac{1}{3}$以上の，２つのパターンのみである。

② (1)歳入は，一般財源と使い方が決まっている財源，自主財源と依存財源に区分できる。住民税・事業税などの地方税や公共施設の

使用料など，地方公共団体が自主的に徴収できる財源を自主財源という。自主財源以外の地方交付税交付金や国庫支出金などを依存財源という。

(2)(3)国から配分される財源は2種類あり，国庫支出金は義務教育や公共事業などに使うよう決められている。

(4)2007年に制定され，国の監督の下で財政の立て直しが図られるようになった。

(5)新たな財源として各地方公共団体が注目している。寄付をすると地元の特産品などがもらえるという特典もある。

❸ (1)若い世代の政治に対する無関心が広がっているといわれており，そのことが投票率の低さに表れている。

(2)国民が政治に無関心だと，政府は国民の声に耳をかたむけなくなることが考えられる。

(3)政治参加の方法をおさらいしておこう。

(4)市町村合併に賛成か反対かを問うような住民投票が各地で行われている

(5)キャラクターを使った特産品の売り上げが大幅に増えた，自分の住む地域への愛着や連帯感が深まった，なども正解とする。

単元のココがポイント！

大日本帝国憲法と日本国憲法の違いや特徴，三権分立や政治のしくみについて，きちんと整理して理解しておこう。

第3部 経済
第1章 市場経済

p.56 　　　　ぴたトレ1

1 ①消費 ②生産 ③分業 ④交換
⑤貨幣 ⑥循環 ⑦家計
2 ⑧資源 ⑨希少性 ⑩配分

p.57 　　　　ぴたトレ2

◆ (1)①イ ②ア ③ウ
(2)家計，企業，政府(順不同)
(3)赤：ア 青：イ 緑：ウ

◆ (1)ア，イ，ウ(順不同)
(2)希少性

書きトレ! (例)生産と消費を中心とした人間の活動のこと。

---

❶ (1)貨幣には貯蔵・交換・価値尺度の三つの役割がある。①の財産を蓄える役割は貯蔵(イ)，②の経済活動や取引をスムーズにできる役割は交換(ア)，③の商品の価値の大きさを測る役割は価値尺度(ウ)という。

(2)経済活動を行う主体は，家計，企業，政府の三者で，この三者の間で商品がお金と交換され，循環している。

(3)銀行は家計・企業・政府とお金のやり取りをするので，赤はお金とわかる。家計は企業に労働を提供して賃金としてお金を得ている。また，企業は政府や家計にモノやサービスを提供して代わりに代金としてお金を得ている。よって，青は労働，緑はモノやサービスとわかる。

❷ (1)経済においては「資源」とは人間が利用できるすべてのものがあてはまる。お金，時間，水，石油，土地，働く人などはいずれも資源にあてはまる。

(2)資源が不足した状態を，希少性という。

書きトレ! 経済活動とは，モノやサービスの生産と消費を中心とする人間の活動をいう。

p.58 　　　　ぴたトレ1

3 ①需要量 ②供給量 ③市場価格
④市場経済 ⑤均衡価格 ⑥高い
⑦安い ⑧独占 ⑨寡占 ⑩公共料金

p.59 　　　　ぴたトレ2

◆ (1)①A需要
B供給
②aウ bエ
cア dイ
(2)少ないとき
(3)公共料金

⚠ミスに注意
公共料金の決まり方
・介護報酬…国会・政府が決定
・電気料金…政府が認可
・国内航空運賃…政府に届け出

書きトレ! (例)市場価格の変化を通して需要量と供給量が決められていくしくみ。

考え方

◆ (1)①②消費者が買う量は需要量なので，Aは需要曲線を示している。商品の価格が安いと需要量は多くなり，商品の価格が高くなると需要量は少なくなる。企業がモノやサービスをつくる量は供給量なので，Bは供給曲線を示している。商品の価格が安い

と供給量は少なく，商品の価格が高くなる
と供給量は多くなる。
(2)グラフからは，みかんの価格が安い時期は
みかんの入荷量が多く，みかんの価格が高
い時期はみかんの入荷量が少ないことがわ
かる。
(3)公共料金は，国民生活の安定のために，国
や地方自治体が変更を許可したり，規制し
たりする。

書きトレ! 市場経済とは，市場価格の変化を通して需
要量や供給量が決められていくしくみであ
ることが書けていればよい。

p.60　　ぴたトレ1

1 ①所得　②貯蓄　③クレジット
④キャッシュレス
2 ⑤流通　⑥小売業　⑦卸売業（おろしうり）
3 ⑧契約　⑨消費者基本法　⑩製造物責任法（せきにん）
⑪クーリング・オフ

p.61　　ぴたトレ2

1 (1)①食料費　　②交通・通信費
(2)イ
2 (1)Aイ　　Bア
(2)POSシステム
3 (1)選ぶ権利
(2)消費者契約法

書きトレ! (例)訪問販売などで契約した場合に，一定
期間内であれば無条件での契約の解除を事
業者に要求できる。

考え方
1 (1)①消費支出で最も大きな割合を占めている
のは食料費である。家計に占める食料費の
割合は，生活水準を表す上で大切な指標と
なる。
②携帯電話の普及（ふきゅう）などライフスタイルの変
化が大きく家計の割合に関係する。交通・
通信費は1970年には5.5%であったものが
2019年には17.0%まで増えており,消費支
出に占める内訳では約3倍に増えている。
(2)可処分所得は，自由に使えるお金の額を表
しており，所得から税金と社会保険料を引
いた額である。
2 (1)生産者と小売業の間に立つのが卸売業，消
費者と直接商売するのが小売業。
(2)商品が売れた数量や時間，客の性別などの

情報をレジやバーコードから集計・管理す
るしくみを，POSシステム（販売時点情報
管理システム）（せんりゃく）という。企業（きぎょう）が販売戦略を
立てる際の重要なデータとなる。
3 (1)ケネディ大統領が宣言した消費者の四つの
権利は，「安全を求める権利」「知らされる
権利」「選ぶ権利」「意見を聞いてもらう権
利」である。四つの権利は，消費者が買い
物をするときの場面を思い浮かべて頭に入
れよう。
(2)消費者契約法は2001年に施行（しこう）された。

書きトレ! 消費者契約法と混同しないように，解約を
請求できる期間や，制度が適応される販売
方法をおさえておこう。

p.62〜63　　ぴたトレ3

1 (1)Aイ　　Bア　　Cウ
(2)①寡占価格（かせん）　②ア希少　イ必要
(3)(例)夏場はみかんの供給量が少なくなって
いるため。
2 (1)ア，ウ(順不同)
(2)(例)情報をもとに買ってくれそうな相手に
向けた広告が制作される。
3 (1)食料費
(2)2019(年)
(3)①交通・通信費　②ア，ウ(順不同)
4 (1)①製造物責任法
②(施行前)ウ　　(施行後)イ
(2)12か月

考え方
1 (1)価格が安いと需要は増え，価格が高いと需
要は減る。2つの曲線が交わるところは，
需要量と供給量が一致することを表し，そ
のときの価格を均衡価格という。
(3)農産物や魚介類などは，市場への入荷量が
多いと価格は安くなり，市場への入荷量が
少ないと価格は高くなる傾向がみられる。
夏場にみかんが高くなっているのは，みか
んの入荷量が少ないためと考えられる。
2 (1)生産者と消費者の間にある小売業や卸売業
を通さない流通が登場している。
(2)POSによって得られた情報で，商品を広
く購買（こうばい）対象にアピールできる具体例を考え
る。
3 (1)家計に占める食料費の割合は，生活水準を
表す上で大切な指標となる。

(2)1970年のＡの金額は82582円×32.2％で約
26600円，2019年のＡの金額は323853円×
23.9％で約77400円となり，2019年のほう
が大きい。

(3)パソコンや携帯電話などの普及により，通
信費が増大している。

❹ (1)①消費者の保護と自立支援（しえん）を目的に制定さ
れた法律の１つ。②PL法は損害賠償（がいとう）の請求
なので，商品の交換は，法律に該当しない。

(2)消費者契約法の施行（しこう）によって，商品につい
て事実と異（こと）なる説明があった場合や，事業
者の不適切な勧誘（かんゆう）で消費者が契約してし
まった場合に，12か月（１年）以内なら契約
を取り消すことができるようになった。訪
問販売（もんはんばい）に適用されるクーリング・オフの場
合は，無条件に解約が可能。

---

mid**p.64** ぴたトレ1

① ①企業　②技術革新（かくしん）（イノベーション）
③起業　④土地　⑤労働力　⑥資本

② ⑦私企業　⑧公企業　⑨ベンチャー
⑩株式（かぶ）　⑪株主（かぶぬし）　⑫株主総会（そうかい）　⑬配当

p.65 ぴたトレ2

❶ (1)土地，労働力，資本（順不同）
(2)イ

❷ (1)ウ
(2)中小企業
(3)株主総会
(4)イ

📝 （例）資本金や従業員数などの規模が小さい
企業。

考え方
❶ (1)企業が生産を行うためには，店舗（てんぽ）や工場な
どを建てるための土地，働く人々（労働力），
資金や工場・機械などの資本の三つが必要
となる。

(2)企業が得る利益は，売り上げからかかった
費用を引いたものとなる。

❷ (1)国や地方公共団体が経営するのが公企業で
ある。公企業には市営バスや上下水道，国
立印刷局，造幣局（ぞうへいきょく）などがあてはまる。

(2)中小企業は大企業に比べると企業数は多い
が，売り上げになると大企業のほうが大き
い業種もみられる。

(3)株式の値段（株価）は需要（じゅよう）と供給の関係で決
まる。

📝 中小企業は，大企業に比べると資本金や従
業員数などの規模が小さい企業のことであ
る。中小企業の定義は業種によって異（こと）なっ
ている。

---

p.66 ぴたトレ1

③ ①金融　②間接　③直接　④利子（利息）
⑤ベンチャーキャピタル　⑥フィンテック

④ ⑦競争　⑧カルテル　⑨独占禁止法（どくせんきんし）
⑩公正取引委員会

p.67 ぴたトレ2

❶ (1)Ａ間接　　Ｂ直接
(2)利子（利息）
(3)エ

❷ (1)家庭用ゲーム機
(2)独占禁止法
(3)公正取引委員会

📝 （例）経済が成長することの原動力となる。

考え方
❶ (1)金融機関をなかだちにして資金を貸し借り
するのが間接金融で，株式や社債は直接金
融となる。

(2)貸し出しにおいて，返済の際には利子（利
息）が上乗せされる。

(3)日本政策投資銀行や日本政策金融公庫は公
的金融機関である。なお，日本の中央銀行
は日本銀行である。

❷ (1)上位２社で99％以上を占めている家庭用
ゲーム機が最も生産が集中している。

(2)(3)健全な競争を保つために制定されたのが
独占禁止法で，公正取引委員会が運用して
いる。

📝 企業の競争は，経済成長や経済発展の原動
力となる。

---

p.68 ぴたトレ1

⑤ ①労働基準法　②労働組合
③労働関係調整法　④男女雇用機会均等法（きんとう）

⑥ ⑤終身雇用　⑥非正規雇用　⑦年功序列（ねんこうじょれつ）
⑧成果主義（しゅぎ）　⑨育児・介護（かいご）休業法

⑦ ⑩ESG投資

ぴたトレ2

① (1)ア，エ(順不同)

(2)ア

⚠ミスに注意

・労働三権…団結権
団体交渉権
団体行動権

・労働三法…労働基準法
労働組合法
労働関係調整法

② (1)終身雇用

(2)351(時間)

(3)CSR

おかわり (例)仕事と生活を調和させること。

考え方

① (1)労働基準法では，15歳未満の児童の使用は禁じられている。育児時間は1日2回，各30分以上を請求できる。

(2)イ労働時間についてはこのグラフからは読み取れない。ウヨーロッパの非正規雇用者の数はこのグラフからは読み取れない。

② (1)日本の雇用環境は，最近では終身雇用が減り，非正規雇用が増えている。

(2)1990年の日本の労働者の年間就業時間は2031時間，2018年が1680時間なので，351時間減っている。

(3)企業の社会的責任はCSR(Corporate Social Responsibility)とも表現される。

おかわり ワーク・ライフ・バランスは，過労などによって，労働者の健康などを損なわないように企業が配慮する仕事と生活のバランスのことである。

ぴたトレ1

① ①好況(好景気) ②不況(不景気)

③国内総生産 ④経済成長

⑤インフレーション(インフレ)

⑥デフレーション(デフレ)

② ⑦日本銀行 ⑧発券銀行

⑨政府の銀行 ⑩銀行の銀行 ⑪金融政策

ぴたトレ2

① (1)好況

(2)イ

(3)リストラ

(4)インフレーション(インフレ)

② (1)A 発券銀行　　B 政府の銀行

(2)金融政策

(3)ア

おかわり (例)物価の変動を抑えて，景気の変動を安定化させるため。

考え方

① (1)好景気とも呼ばれる。反対の状態は，不況(不景気)。

(2)企業は好況のとき，生産を増やそうとして雇用を増やす。

(3)正式名称は「リストラクチャリング」。企業の人員整理という意味。

(4)物価が上がり続けることをインフレーション(インフレ)，物価が下がり続けることをデフレーション(デフレ)という。

② (1)日本銀行の3つの役割は，「政府の銀行」「銀行の銀行」「発券銀行」である。日本銀行の3つの役割は必ず頭に入れておこう。

(2)金融政策は，景気変動を安定させるもの。

(3)日本銀行は金融機関との間での国債の取り引きによって，市場に出回るお金を調節している。

おかわり 日本銀行は，物価の変動を抑えることによって，景気を安定化させようとしている。

ぴたトレ1

③ ①為替レート ②円高 ③円安

④多国籍企業 ⑤空洞化

④ ⑥デジタル化 ⑦シェアリングエコノミー

⑧人工知能(AI) ⑨食料自給率 ⑩TPP

ぴたトレ2

① (1)為替レート

(2)ア，オ(順不同)

(3)12500ドル

(4)ア

② (1)ア

(2)ウ

おかわり (例)雇用が失われ，産業が衰退する。

考え方

① (1)外国の通貨と自国の通貨の交換比率は，為替レートという。

(2)円高になると輸入製品の価格が下がり日本から海外への旅行がしやすくなる。一方，日本から海外へ輸出する製品の現地での価格は高くなるため，輸出企業にとっては不利になる。

(3)1000000÷80＝12500となる。

(4)図から，日本に比べてブラジルや中国，フィリピンなどの賃金は安くなっていることがわかる。人件費が安くすめば，生産費も抑えられるため，日本企業は海外に工場を建

設することがある。

② (1)日本の農業は後継者不足や生産者の高齢化などの課題を抱えているが、農地不足ではない。

(2)シェアリングエコノミーには自宅などの空き部屋を貸し出す民泊やカーシェアリングなどがあてはまる。

書きトレ！ 工場の海外移転が進むと、国内にあった工場の雇用が失われる。また、国内から工場がなくなることは産業の衰退につながる。

p.74~75　　　　　ぴたトレ3

❶ ①ア　②エ　③オ　④イ
　⑤ウ

❷ (1)(例)企業は生産を拡大し、雇用が増え、賃金は上がる。
　(2)①デフレーション
　　②イ→ア→ウ

❸ (1)ア B　イ B　ウ A
　(2)ア、イ(順不同)
　(3)(例)企業どうしが競争せず、話し合って高い価格を維持すること。

❹ (1)A労働基本権(労働三権)
　　B労働関係調整法
　(2)男女雇用機会均等法
　(3)①(例)一つの企業で定年まで働く終身雇用と、年齢（ねんれい）とともに給与（きゅうよ）が増える年功序列型（ねんこうじょれつ）の賃金制度。
　　②イ
　(4)イ

考え方

❶ 株主は、株主総会などを通して経営の基本方針に意見を述べることができる。株式会社と株主との関係は、頭に入れておこう。

❷ (1)不況(不景気)の時期は、雇用や生産が縮小され、失業率も上がる。
　(2)①好況のときに、物価が上がり続けることはインフレーション(インフレ)とよぶ。②日本銀行は、普通（ふつう）銀行との国債の取り引きによって、市場に出回るお金を調節している。これは公開市場操作（そうさ）とよばれる。

❸ (1)円高の場合、円安の場合,それぞれにどのような状況が有利になり、どのような状況が不利になるのか整理しておこう。円高の場合、日本から海外への旅行や外国から日

本への輸入などが有利になり、日本から外国への輸出は不利になる。円安の場合は海外から日本への旅行や日本から外国への輸出が有利になり、外国から日本への輸入が不利になる。

(2)ウ日本銀行は、国債や利息の調節で金融政策を行う。エ証券会社は、普通銀行の分類に入らない。

(3)カルテルとは、寡占市場において企業どうしで価格や生産量などについて協定を結び、競争をさけて企業の利益を大きくしようとするものである。

❹ (2)この法律では採用や定年、解雇などにおいて、性別を理由にした差別を禁止している。
　(3)①厳しい企業間競争に対応するため、現在は雇用の在り方を見直す企業が増えている。②フリーランスは仕事ごとに契約を交わして働くこと。テレワークは自宅など、場所を問わず柔軟に働く働き方のこと。
　(4)イ雇用形態に関わらず、業務内容に応じて賃金を決める、同一労働同一賃金の導入が進んでいる。

第3部 経済
第2章　財政

p.76　　　　　ぴたトレ1

1 ①財政　②公共サービス　③財政政策
　④公共事業
2 ⑤社会保障　⑥税金　⑦国債　⑧間接税
　⑨直接税　⑩累進課税

p.77　　　　　ぴたトレ2

❶ (1)Aウ　Bエ　Cア
　(2)財政政策
　(3)税金
❷ (1)Aア　Bウ　Cイ
　(2)ウ
　(3)累進課税(制度)
　(4)直接税

書きトレ！ (例)国民から税金を徴収（ちょうしゅう）して、そのお金で必要なモノ・サービスを提供するため。

考え方

❶ (1)景気が悪いときは、歳入は減少するが、景気対策として歳出は増加する。景気が良いときは、歳入は増加し、景気の過熱を抑（おさ）え

るために歳出を減らすことがある。

(2)政府が景気の変動を安定化させる政策は，財政政策である。日本銀行が行う金融政策との違いに注意すること。

(3)政府が国民にモノやサービスを提供するために家計や企業から集めているのは税金である。

② (1)歳入では所得税や消費税が上位を占める。また，借金である公債金の占める割合も大きい。

(2)直接税は税金を納める人と負担する人が同じ税金(ウ)である。アは間接税，イは国税の説明。

(3)所得が高い人ほど所得に対する税負担の割合が重くなるしくみを累進課税(制度)という。累進課税制度は所得税や相続税などで導入されている。

(4)直接税には所得税や法人税，相続税などがあてはまり，間接税には消費税や酒税，関税などがあてはまる。

さトレ！ 財政活動とは，政府が税金を徴収し，必要なモノ・サービスを提供するものである。

p.78 ぴたトレ1
③ ①公害対策基本法 ②環境庁 ③環境基本法 ④環境省 ⑤循環型社会 ⑥社会資本 ⑦情報通信技術 ⑧コンパクトシティ ⑨民間 ⑩バリアフリー化

p.79 ぴたトレ2
① (1)Aイ　Bエ　Cウ　Dア
(2)環境
(3)ア
(4)ドローン
(5)バリアフリー(化)

さトレ！ (例)資源の消費を抑え，環境への負荷をできる限り減らした社会。

考え方 ①(1)水俣病は熊本県などで起きたメチル水銀を原因物質とする公害病，新潟水俣病は新潟県の阿賀野川流域で起きたメチル水銀を原因物質とする公害病，イタイイタイ病は富山県の神通川流域で起きたカドミウムを原因物質とする公害病，四日市ぜんそくは三重県の四日市市周辺で起きた硫黄酸化物，窒素酸化物を原因物質とする公害病。

(2)2001年に環境庁は環境省となった。

(3)イ社会資本をつくり替えるための財政負担は大きい。

(4)無人の小型航空機をドローンという。

(5)階段のある駅にエスカレーターやエレベーターを設置するなどして，高齢者や障がい者の移動の障壁(バリア)を取り払う取り組みを，バリアフリー(化)という。

さトレ！ 地球環境問題の深刻化などにより，環境保全に対する取り組みが進んでいる。循環型社会の実現に向けては，リサイクル法などの法律の制定や，環境に配慮した社会資本の整備が進められている。

p.80 ぴたトレ1
④ ①社会保険 ②年金保険 ③公衆衛生 ④社会福祉 ⑤公的扶助 ⑥マイナンバー
⑤ ⑦財政赤字 ⑧国債 ⑨大きな政府 ⑩小さな政府

p.81 ぴたトレ2
① (1)Aイ
　 Bア
(2)イ
② (1)国債
(2)小さな政府
(3)ア，イ
(順不同)

⚠ミスに注意
保障と資本
◆上下水道はどっち
・社会保障…公衆衛生，社会福祉，公的扶助など。
・社会資本…道路や橋など公共事業でできた施設。
※上下水道は，公共事業でできた社会資本であり，下水道は公衆衛生でもある。

さトレ！ (例)政府の税収よりも歳出総額が大きいため財政赤字が拡大している。

考え方 ①(1)社会保障支出に占める割合は年金と医療が大きい。
(2)年金や医療保険はイの社会保険に含まれる。
②(2)税負担を低くする一方で，役割を最小限にとどめる政府を，小さな政府という。なお，税負担を重くする一方でさまざまな役割を果たす政府は，大きな政府という。
(3)ア，イは，大きな政府の特徴を表している。

さトレ！ 高齢化の進行による社会保障費の増大などもあり，日本では歳出総額が増加してきており，税収よりも歳出のほうが大きい財政赤字の状態が続いている。

p.82〜83 ぴたトレ3
① (1)①財政　②予算　③国債

(2)(例)所得の高い人ほど所得に占める税金の割合が高くなる制度。

(3)Aウ　Bア　Cイ

(4)A所得税　B法人税　C消費税

❷ (1)アb　イd　ウc　エa

(2)メチル水銀

(3)ア→エ→イ→ウ

(4)社会資本

❸ (1)① A　② D　③ B

(2)(例)高齢者人口の増加により，現役世代の負担が重たくなる。

❹ (1)(歳入)(例)長引く不況により政府の税収が低迷し歳入が減少した。

(歳出)(例)積極的な財政政策による歳出(公共事業)の拡大や，社会保障関係費の増加により，歳出が拡大した。

(2)(例)増税することで政府の歳入を増やす。

考え方

❶ (1)①政府が税金を集めて国民にモノやサービスを提供する働きを，財政という。②国は毎年予算を作成する。③税収が十分でない場合には，政府は国債を発行して資金を調達する。

(2)累進課税は，所得が多くなるほど税率が高くなる課税方式である。

(3)歳出に占める社会保障関係費の割合が増加してきている。

(4)消費税は税率の引き上げによって歳入に占める割合が増加してきた。

❷ (1)(2)四大公害訴訟については，病名，発生地域，原因物質，環境保全に関する法律を合わせて覚えておこう。

(3)公害対策基本法の1967年の制定を受け，環境庁が1971年に発足。環境基本法は地球環境保全の高まりにより1993年に制定，その後2001年に環境省に再編。

❸ (1)①医療保険は社会保険に含まれる。②生活保護は公的扶助に含まれる。③衛生管理は公衆衛生に含まれる。

(2)少子高齢化が進んで高齢人口が増加すると，年金支給額が増大し，働く世代の一人一人の負担が増える。

❹ (1)バブル崩壊後には景気が低迷したため，歳入は減少したと考えられる。一方，景気を回復させるために歳出は増加したと考えられる。そのため，歳入が歳出に比べて少な

くなったことから国債発行額が増加していったと考えられる。高齢化による社会保障などの歳出の増加について記述してもよい。

(2)政府の財政状況を改善するためには，増税して歳入を増やすことや，むだを省くなどして歳出を減らすことなどが考えられる。

単元のココがポイント！

消費者や労働者を守る法律が問われやすいので，内容を整理しておこう。需要曲線と供給曲線のようなグラフも問われやすい。

第4部 国際
第1章 国際社会

p.84　　　　ぴたトレ1

1 ①住民　②領海　③領空　④領土不可侵
⑤排他的経済水域(EEZ)　⑥国際法

2 ⑦択捉島　⑧ソ連(ソビエト連邦)　⑨島根
⑩韓国(大韓民国)　⑪国際司法裁判所

p.85　　　　ぴたトレ2

❶ (1)領土不可侵の原則

(2)領空

(3)排他的経済水域

(4)国際法

❷ (1)①カ　②オ
③ウ　④イ
⑤エ

⚠ミスに注意
国の領域
◆範囲をおさえる
・領土…陸地の部分
・領海…沿岸から12海里
・領空…領土と領海の上空

書きトレ！ (例)海域は沿岸から12海里の範囲を領海，領海の外側で沿岸から200海里の範囲を排他的経済水域，それ以外の海域である公海に分類される。

考え方

❶ (1)国際関係は領土不可侵と，国家の国内での決定にほかの国が干渉することはできないという内政不干渉を，各国がおたがいに認めることで成り立っている。

(2)国家の支配する領域は，領土，領海，領空の三つからなる。領土は陸地，領海は海岸線から一定の範囲の海域。領海の範囲は国によって異なり，日本は12海里(約22km)に定めている。領空は領土と領海の上空をさす。

(3)排他的経済水域は，海岸線から領海を除いた200海里(約370km)の範囲。領海と排他的経済水域以外の海は公海で，すべての国が自由に航行したり，漁をしたりできるほか，海底ケーブルをしいたりすることもできる。

(4)ヨーロッパでは，中世から近代にかけて多くの国をまきこむ戦争があり，その反省から世界平和や国の安全を守るために国際法が必要だと考えられるようになった。

② (1)①②歯舞群島・色丹島・国後島・択捉島は北方領土と呼ばれ，第二次世界大戦末期に日ソ中立条約を破って侵攻してきたソ連によって占領された。③④島根県の竹島は，韓国との間に領土問題があり，日本政府は国際司法裁判所への提訴を韓国政府に提案したことがある。⑤沖縄県に属する尖閣諸島は，中国が領有権を主張しているが，日本政府は領有権問題はないとしている。

書きトレ! 領海は沿岸から12海里の範囲，排他的経済水域は領海の外側で沿岸から200海里の範囲であり，領海と排他的経済水域以外の海域は公海となる。

p.86　ぴたトレ1

③ ①ニューヨーク　②集団安全保障
③平和維持活動　④総会
⑤安全保障理事会　⑥常任理事国
④ ⑦地域紛争　⑧難民
⑨国連難民高等弁務官
⑤ ⑩核抑止

p.87　ぴたトレ2

① (1)総会
(2)中国，フランス(順不同)
(3)拒否権
(4)B ウ　C エ
② (1)難民
(2)テロリズム
③ (1)①広島　②ソ連
(2)包括的核実験禁止条約(CTBT)

書きトレ! (例)1960年代にアフリカの多くの国々が独立を達成したことで，加盟国数が増加した。

① (1)総会は，加盟国すべてが参加する機関で，各国が1票をもち，通常は過半数で議決される。発足時に加盟国は51か国だったが，2020年時点で193か国まで増えている。

(2)1920年につくられた国際連盟には，アメリカが加盟せず，ソ連の加盟が遅れるなどしたが，国際連合はアメリカ，イギリス，フランス，中国，ソ連の五大国が初めから加盟した。安全保障理事会は，この5か国の常任理事国と10か国の非常任理事国で構成される。なお，旧ソ連の常任理事国としての地位はロシアに引き継がれている。

(3)安全保障理事会は，平和維持に関する決定を行うが，常任理事国が1か国でも拒否権を行使すると決定することができない。この拒否権は常任理事国しか使えないため，国連の活動は大国の考えが反映されやすいという意見がある。

(4)国連の関連機関などはアルファベットの略称も覚えておこう。アのUNICEFは国連児童基金で，イのUNHCRは国連難民高等弁務官事務所のこと。

② (1)人種や宗教などの理由で迫害を受けて自国外へ逃れた人を，難民という。地域紛争の増加による難民も増えている。

(2)特定の政治的主張のために暴力を用いることを，テロリズムという。

③ (1)①1945年8月6日に広島に，8月9日に長崎に，原爆が投下された。②1949年にはソ連が原爆実験に成功している。

(4)1996年にあらゆる空間での核実験による爆発を禁止する包括的核実験禁止条約が国連で採択されている。

書きトレ! アフリカでは，1960年を中心に1960年代に多くの国々が独立し，国際連合に加盟している。そのため，1960年代には国際連合の加盟国数がアフリカの国々を中心に大きく増えている。

p.88　ぴたトレ1

⑥ ①南北問題　②南南問題　③地域機構
④USMCA　⑤ヨーロッパ連合
⑥イギリス
⑦ ⑦東南アジア諸国連合
⑧アジア太平洋経済協力　⑨地域主義
⑩沖縄

ぴたトレ2

◆ (1)①エ　②ア　③ウ　④イ
(2)ユーロ
(3)NGO

❷ (1)沖縄(県)
(2)日米安全保障条約
(3)冷戦

書きトレ! (例)普天間基地の辺野古移設のための埋め立ての賛否を問う県民投票が行われ、反対が多数を占めた。

考え方

◆ (1)地域経済統合の名称・加盟国などを覚えよう。
(2)EUで導入された共通通貨をユーロという。
(3)非政府組織をNGOという。NGOとはNon-Governmental Organizationの略である。

❷ (1)日本が独立を果たしたあとも、しばらくの間、アメリカに占領されていた沖縄県には、アメリカ軍施設が多くある。
(2)サンフランシスコ平和条約とともに結ばれた。
(3)冷たい戦争ともいう。

書きトレ! 普天間基地周辺には住宅街や学校があり、世界一危険な基地といわれている。日本政府は普天間基地の返還交渉をアメリカと行っていたが、普天間基地を沖縄県内に移設することで合意がなされた。その移設先として決まったのが辺野古である。辺野古の埋め立ての賛否を問うために県民投票を実施した結果、反対多数となったが、日本政府は現在でも辺野古への移設のための埋め立て工事を行っている(2020年現在)。

ぴたトレ1

1 ①貧困　②持続可能な開発目標
③政府開発援助　④フェアトレード
⑤マイクロクレジット

2 ⑥地球温暖化　⑦オゾン
⑧京都議定書　⑨温室効果ガス
⑩発展途上国　⑪アメリカ

ぴたトレ2

◆ (1)政府開発援助(ODA)
(2)アメリカ
(3)フェアトレード
(4)マイクロクレジット

❷ (1)①
(2)温室効果ガス
(3)京都議定書
(4)中国

書きトレ! (例)貧困問題を解決するために、先進国が食料援助、教育の普及、社会資本の整備などに資金や技術を援助すること。

考え方

◆ (1)政府開発援助(ODA)は、先進国が発展途上国を援助するための制度。国連の分担金が増えている中国は、発展途上国という扱いなので、グラフに国名がない。

❷ (1)②は砂漠化、③は森林破壊を示している。①～③はいずれも、国境を越えた地球規模での環境問題なので、地球環境問題とよばれる。
(2)二酸化炭素やメタンなどの温室効果ガスの増加が地球温暖化の原因と考えられている。温室効果ガスが増えている理由としては、石油や天然ガスなどの化石燃料の使用量が増えていることや、二酸化炭素を吸収する森林の減少などがあげられる。
(3)地球温暖化について対策が話し合われている国際的な会議を気候変動枠組条約締約国会議(COP)といい、1997年には第3回の会議が京都で行われた。そこで採択されたのが、京都議定書で、初めて温室効果ガスの削減目標が数値で定められたが、排出量が急増していた中国をふくむ発展途上国に削減義務がなく、当時最大の排出国だったアメリカが離脱するなど、取り組みとして不十分だった。
(4)京都議定書は2013年に効力が切れ、今はパリ協定が発効しているが、温室効果ガスの削減について、先進国と発展途上国の考えの隔たりは大きい。また発展著しい中国を発展途上国として扱うことに疑問が出ている。

書きトレ! 政府開発援助(ODA)は、資金だけでなく、技術の援助も行われている。

ぴたトレ1

3 ① 3R　②リデュース　③リユース
④リサイクル　⑤原子力発電
⑥福島第一原子力　⑦二酸化炭素
⑧再生可能エネルギー　⑨自然状況

4 ⑩非政府組織

ぴたトレ2

① (1)火力
　(2)フランス
　(3)ドイツ

② (1)17
　(2)イ
　(3)NGO
　(4)政府開発援助

書きトレ！ (例)将来の世代を含むすべての人々が質の高い生活を維持することで，持続可能な社会の実現を目指すため。

考え方

① (2)フランスでは原子力発電を推進していたが，近年は抑制する意見も増えている。
　(3)ドイツは原子力の安全性から原子力発電に頼らない電力政策を進めているので，地熱・風力などの発電割合が高い。

② (1)「貧困をなくそう」「飢餓をゼロに」などの目標が設定されている。

書きトレ！ 持続可能な社会の実現のためには，国や企業にまかせるだけでなく，一人ひとりの取り組みも欠かせない。

ぴたトレ3

① (1)A 国際連盟　　B ニューヨーク
　　C アメリカ　　D 日本
　(2)アメリカ，イギリス，フランス，ロシア，中国(順不同)
　(3)拒否権
　(4)PKO
　(5)地雷禁止国際キャンペーン
　(6)核拡散防止条約
　(7)(例)核兵器を持つことで相手の核攻撃を未然に防ぐという考え方。

② (1)A オ　　B ア　　C イ　　D エ　　E ウ
　(2)ア×　　イ○　　ウ×　　エ○

③ (1)A イ　　B ウ　　C ア
　(2)A オ　　B イ　　C ア

④ (1)(例)枯渇せず，二酸化炭素の排出量が少ない。
　(2)(例)発電費用が高く，自然状況に左右されるため発電供給が不安定である。

考え方

① (1)国際連盟と国際連合の発足年や本部，加盟国の特色や表決方法などはしっかりとおさ

えておこう。
　(2)(3)国際連合安全保障理事会の常任理事国は，アメリカ，イギリス，フランス，ロシア連邦，中国の5か国である。常任理事国には拒否権が与えられている。
　(4)国連平和維持活動の略称はPKO。
　(5)地雷禁止国際キャンペーンは，地雷廃絶の取り組みが評価され，1997年にノーベル平和賞を受賞している。
　(6)核拡散防止条約(NPT)は核保有国をアメリカ，イギリス，フランス，ロシア連邦，中国の5カ国に限定している。

② (1)EUやASEANなどの地域機構の名称や加盟国，人口などについてはしっかりと整理しておこう。
　(2)ア東南アジア諸国連合(ASEAN)の加盟国は，タイ・インドネシア・シンガポール・フィリピン・マレーシア・ブルネイ・ベトナム・ラオス・ミャンマー・カンボジア(2020年現在)。ウUSMCAを結んでいるのは，アメリカ，カナダ，メキシコの三か国。

③ (1)火力発電の多いAが，2011年の東日本大震災以降，原子力発電が極端に減り，火力発電に頼っている日本。水力発電の割合が多いBが，内陸部に水力発電所が多い中国。原子力発電の多いCがフランス。
　(2)二酸化炭素の排出量が世界で最も多い国は中国である。

④ (1)(2)再生可能エネルギーには，太陽光や風力，水力，地熱などがある。再生可能エネルギーには資源が枯渇せず，二酸化炭素の排出量が少ないという利点があるが，発電費用が高いことや自然の状況に発電状況が左右されるという課題がある。

単元のココがポイント！

この単元では主権国家や領土問題，国連の役割について問われやすい。また，環境やエネルギー問題についてもおさえておきたい。特にSDGsについて問われることも多いため注意しよう。

第2章　課題の探究

ぴたトレ1

① ①持続

出題傾向

＊現代社会の特色では，グローバル化，少子高齢化，情報化の出題が多い。少子高齢化がかかえている問題について理解しておこう。
＊私たちの生活と文化では，年中行事，文化の多様性と異文化理解について確認しておこう。
＊現代社会をとらえる枠組みでは，対立と合意，その際の重要な視点である効率と公正について理解しておこう。多数決では少数意見の尊重が大切であることを覚えておこう。

❶ (1)①格差　②個人情報
　　(2)国際競争
　　(3)(例)働く世代の負担が重くなる
❷ (1)①ウ　②ア　③エ
　　(2)墓参り　　(3)(例)和食
　　(4)画一化
❸ (1)A対立　B合意
　　(2)(例)人間は，社会集団の中で人々とつながり，生きているから。
　　(3)①公正　②公正　③効率
　　(4)(例)少数の意見を尊重する
　　(5)①イ　②ア

考え方

❶ (1)②個人情報を悪用されないためにも，情報を正しく活用する力である情報リテラシーが求められる。
　　(2)世界中にいるライバル企業との競争のことを，国際競争という。
　　(3)高齢者の数が増えると，高齢者の生活を支える公的年金や医療，介護などの社会保障にかかる費用が増大する。その一方で，それを支える生産年齢人口が減少するため，働く世代1人あたりの負担が重くなる。
❷ (1)年中行事も伝統文化の一つである。1月には神社や寺院などへの初詣，7・8月には先祖の供養を行う盂蘭盆，11月には7歳，5歳，3歳の子の成長を祝う七五三がある。
　　(2)グラフをみると，墓参りが最も多くなっている。
　　(3)古くからの日本の伝統文化として受け継が

れてきたものとしては，和食のほかに能や歌舞伎などがある。
　　(4)ファストフード形式の食文化に代表されるような，世界中で同じような文化が受け入れられている現象を，文化の画一化という。
❸ (1)私たちが属している社会集団の中で，考え方の違いから「対立」が生じた場合，話し合いで「合意」を目指す必要がある。
　　(2)人間はさまざまな社会集団に属し，人々とつながって助け合い，互いを尊重しながら生きている。
　　(3)対立を合意に導く考え方として「公正」と「効率」という2つの視点が重要。①は手続きの公正さ，②は機会の公正さ，③は無駄がないかという効率の視点にたっている。
　　(4)多数決の場合，一定時間内で採決できるが，少数意見が反映されにくいという欠点がある。
　　(5)①「全員が納得できる」「決定に時間がかかる」から，イの全員一致するまで話し合うがあてはまるとわかる。②「利害は関係ない」のは当事者ではない第三者なので，アの第三者が決めるがあてはまるとわかる。

出題傾向

＊民主主義と日本国憲法では，日本国憲法の三つの基本原理の出題が多い。大日本帝国憲法との違いも，象徴天皇を中心におさえておこう。法の支配についても重要である。

❶ (1)①Aイ　Bア　Cウ　②A
　　③Pウ　Qア　Rイ
　　④世界人権宣言
　　(2)イ
　　(3)保障されること：国民の権利
　　　制限されること：国王(政府)の権利
　　(4)(例)臣民の権利として法律の範囲内で認められていた。
❷ (1)(例)日本国憲法が施行されたことを記念して設けられた。
　　(2)A象徴　B主権　C内閣

(3)D 戦争　E 交戦権
(4)集団的自衛権

考え方

❶(1)①Aは「経済生活」「生存を保障する」からワイマール憲法。1919年にドイツで制定され，世界で初めて社会権を盛り込んだ憲法である。Bは条文形式で「自由かつ権利において平等」から人権宣言。フランス革命勃発直後の1789年に出された。Cはアメリカ独立宣言。独立戦争時の1776年，イギリスからの独立を宣言した。
③国王の圧政に対する革命は，イギリスで貴族たちが国王に不当な課税や逮捕などの禁止を認めさせることから始まった。そしてアメリカ独立戦争，フランス革命へと続くが，ここまでは自由権と平等権の獲得にすぎず，産業革命後の貧富の差の拡大による社会権獲得は20世紀まで待つことになる。
④国際連合は国際連合憲章の中に人権について盛り込まれていなかったため，その制定を課題とし，1948年の総会で世界人権宣言を採択した。
(2)それぞれの権力が互いに他の権力の乱用をおさえて，バランスを取るようにするしくみを三権分立といい，18世紀のフランスの思想家モンテスキューが著書『法の精神』で唱えた。アのマルクスは資本主義を批判し，社会主義を唱えたドイツの経済学者。ウのロックは『統治二論』で抵抗権を唱えたイギリスの思想家。エのルソーは『社会契約論』で人民主権を唱えたフランスの思想家である。
(3)図の上下の位置関係を見ると，人の支配では国王が法を用いて国民を支配している。一方，法の支配では，国民が（代表者を通じて）法を制定しており，政府といえども法の支配下にあることがわかる。保障されること，制限されることのどちらも，「誰の何を」という観点から説明するとよい。
(4)大日本帝国憲法では，国民のことを天皇の臣民と位置づけ，人権には，法律による制限があった。

❷(1)5月3日は憲法記念日である。1947年5月3日に日本国憲法が施行されたことを記念して国民の祝日になっている。公布日の1946年11月3日も，文化の日として祝日になっている。

(2)大日本帝国憲法で主権者とされていた天皇は，日本国憲法では「日本国の象徴であり日本国民統合の象徴」とされており，主権は国民がもつ。よく出題されるので覚えておこう。天皇の国事行為には，助言や承認を含め，内閣がすべての責任を負うことになっている。
(3)憲法第9条の内容もよく出題される。どの項目が空欄になってもいいように，覚えておこう。
(4)同盟を結ぶなど密接な関係にある国が武力攻撃を受けた際，武力攻撃を受けた国からの要請に基づいて，その国の防衛のために武力行使を行う権利を，集団的自衛権という。

p.102〜103 予想問題❸

出題傾向

＊基本的人権の尊重では，基本的人権，なかでも男女平等に関する問題はよく出題される。また，ヘイトスピーチ，バリアフリーなどの新語は意味もしっかり理解しておこう。公共の福祉による制限も一緒に確認しておこう。また，憲法に規定のない新しい人権について，その背景にある現代社会の変化を理解しておこう。
＊法の支配を支えるしくみでは，憲法改正について，よく問われる。憲法改正の手続きでは，出席議員なのか総議員なのかを間違いやすいので確認しておこう。

❶(1)第13条　(2)不断の努力
(3)①平等(権)　②男女共同参画社会基本法
(4)記号：イ，経済活動の自由
(5)①(例)健康で文化的な最低限度の生活を営む権利
②生活保護法
③団結権
(6)①ア，オ　②イ，ウ，エ
❷(1)A労働基本権　B居住・移転　C表現
(2)イ
❸(1)エ　(2)インフォームド・コンセント

考え方

❶(1)(3)「すべて国民は，個人として尊重される」は，個人の尊重と公共の福祉について規定した日本国憲法第13条の一部である。また，

個人の尊重は, 第14条の「法の下の平等」などで規定された平等権を保障する必要がある。

(2)日本国憲法第12条は「この憲法が国民に保障する自由及び権利は, 国民の不断の努力によって, これを保持しなければならない。」と規定している。

(4)条文は, 憲法第22条で, 経済活動の自由にあたる。**ア**と**ウ**は精神の自由にあたる。**イ**と**エ**は経済活動の自由にあたるが, **イ**の方が職業を選んでいるので, この条文にあてはまる。**エ**は第29条の財産権の保障。

(5)②生存権は, 病気や失業などで生活に困っている人々にとって重要で, その支えになる法律が生活保護法である。

(6)参政権には, 選挙権, 被選挙権のほか, 最高裁判所裁判官の国民審査権, 地方自治特別法の住民投票権, 憲法改正の国民投票権が含まれるので, **ア・オ**が正しい。国務請求権には, 裁判を受ける権利のほか, 国家賠償請求権, 刑事補償請求権, 請願権がある。よって, **イ・ウ・エ**になる。

② (1)人権が公共の福祉によって制限される程度は, 経済活動の自由については, 広く認められている。公務員のストライキを禁止しているのは, 社会生活が麻痺してしまうからで, 労働基本権の制限の例。感染症にかかった場合は, 他人の健康被害をまねくため, 患者を隔離して感染拡大を防ぐことがある。これは, 居住・移転の自由が公共の福祉によって制限される例。選挙期間中の選挙カーでの放送は, 行える時間が限定されている。これは, 表現の自由の制限にあたる。

③ (1)日本国憲法が施行されてから70年余り, その間, 社会は大きく変化し, 憲法に明記されていない権利が主張されるようになった。資料は, 1999年に公布された情報公開法である。知る権利は, 国や地方公共団体のさまざまな情報を手に入れる権利で, 情報公開法や情報公開条例が定められている。ここで注意したいのは, 知る権利は, 国や地方公共団体などの行政機関を対象にしたものであり, 個人を対象にしたものでないことである。

p.104〜105　　　　予想問題**4**

出題傾向

＊民主政治と私たちでは, 選挙の課題についての出題が多い。投票率の低下がまねく問題点がねらい目！比例代表制の議席配分の計算もできるようにしておこう。

＊国の政治のしくみでは, 国会, 内閣, 裁判所の働きが出題されやすい。衆議院の優越の内容, 議院内閣制のしくみ, 裁判員裁判制度の内容, 三権分立の図とねらいを理解しておこう。

＊地方自治と私たちでは, 直接請求権と地方財政についての出題が多い。直接請求権の種類, 必要な署名数, 提出先をおさえておこう。地方交付税の目的, 地方財政の問題点も理解しておこう。

❶ (1)①B　②(例)政治家が, 投票する人の多い年長の世代が抱える問題に優先して取り組むようになる。

(2)イ, オ

(3)A内閣総理大臣　B国会議員
C(例)衆議院が解散されない限り, 総辞職をしなければならない。

❷ (1)刑事裁判　(2)地方裁判所

(3)A検察官　B裁判官　C弁護人

❸ (1)ウ　(2)A600　B市長(首長)

(3)C地方交付税交付金　D国庫支出金

(4)(例)<u>自主財源が少ないこと。</u>

考え方

❶ (1)①比例代表制ではドント式の方法で当選者を決定する。まず, 得票数を1, 2, 3…の整数で割る。得られた答えの大きい順に, 定数まで各政党に配分する。ここでは定数が5議席なので, 次の表のようになる。よって, 5人目の当選者はB党。

	A党	B党	C党
得票数	2400	1800	960
÷1	2400①	1800②	960④
÷2	1200③	900⑤	480
÷3	800	600	320

注)①, ②, …は議席が決まる順番。

(2)任期が短く解散もあるため, 衆議院が参議院より優先される, 衆議院の優越が認められているのは, 予算の先議, 予算の議決, 条約の承認, 内閣総理大臣の指名, 法律案

の議決，内閣不信任の議決の6項目である。よって，**イ**と**オ**が正しい。
(3)A国務大臣を任命するのは内閣総理大臣である。B国務大臣の過半数は国会議員の中から選ばなければならない。ここでの国会議員は，衆議院議員と参議院議員のことである。C憲法の条文に，10日以内に衆議院を解散しない限り，内閣は総辞職をしなければならないとある。

❷ (1)法律に違反する犯罪を裁くので，刑事裁判である。
(2)裁判員が参加するのは地方裁判所で行われる第一審だけである。
(3)傍聴人席の向かい側に裁判官，右側が検察官で，証言台をはさんで左側に弁護人がいる。

❸ (2)条例の制定・改廃は，有権者の50分の1以上の署名を集めて首長に請求する。有権者3万人の50分の1は，30000÷50＝600(人)である。よって，**A**は600，**B**の請求先は首長(市長)である。
(3)地方公共団体間の財政格差をおさえるために国から配分されるのは地方交付税交付金といい，使途が限定されて国から支払われるのは国庫支出金である。
(4)地方公共団体の収入には，地方公共団体が独自に集める地方税などの自主財源と，国などから配分される依存財源がある。依存財源には地方交付税交付金や国庫支出金，借金である地方債がある。少子化や都市への人口移動などで，多くの地域では人口減少にともなう過疎の問題がおこっており，自主財源である地方税収入が少ないことが問題になっている。

p.106〜107　　予想問題5

出題傾向

＊私たちの生活と経済では，需要と供給のグラフについて理解しておこう。
＊消費者と経済では，消費者の権利を守るための製造物責任法(PL法)についての出題が多い。内容を理解しておこう。また，流通の合理化についても，どのようにしてコストをおさえる努力をしているか，理解しておこう。
＊企業と経済では，株式会社と労働環境についての問題が出題されやすい。株式会社のしくみと雇

用の非正規労働者の問題を理解しておこう。また，ワーク・ライフ・バランスや企業の社会的責任もねらい目！

❶ (1)①モノ：2つ　サービス：3つ
　②契約自由の原則　③電子マネー
(2)①(例)企業の過失を証明できなくても，賠償を請求できる
　②クーリング・オフ制度　③A
❷ (1)X：公企業　Y：利益(利潤)
(2)ベンチャー企業
(3)A株主　B株式　C配当　D株主総会
　E証券会社
(4)社会的責任　(5)労働基準法
(6)ワーク・ライフ・バランス
(7)(例)年齢が上がっても賃金が上がりにくいこと。

考え方

❶ (1)①モノは形のあるものなので，「参考書を1冊買って」と「コンビニ店でアイスを1個買い」の行為があてはまる。サービスは形のないものなので，「歯科医院で治療を受けた」「バスに乗って」「美容院で髪を切ってもらった」の行為があてはまる。
③電子マネーは，専用のカードやそれに相当するスマートフォンのアプリを機械にかざすことで，代金の支払いができ，現金を持ち歩かなくてもよいという利点がある。プリペイドカードとの違いは，金額分をチャージすれば何度でも使える点である。
(2)②資料Ⅱの通知書からクーリング・オフと判断できる。お店での購入やインターネットの通信販売などは，購入者が自らの意思で判断しているため，クーリング・オフの対象にはならない。
(3)POSシステムは販売時点情報管理システムともいい，商品が売れた数量や時間，客の年齢・性別などの情報についてレジやバーコードなどから集計して管理するしくみをいうので，Aがあてはまる。Bは直接金融と間接金融について示した図である。
❷ (3)株式会社は，株式(B)の発行によって集めた資金をもとにつくられる会社である。資金を提供して株式を購入した人を株主(A)といい，会社の経営方針などを話し合う株主総会(D)に出席することができる。また，株主は，企業が得た利潤の一部を配当(C)

として受け取ることができる。さらに、株主は自分の持っている株式を、証券会社（E）を通じて自由に売買することができる。

(4)現代の企業は、利潤追求の生産活動だけでなく、人々の暮らしを向上させる社会的責任(CSR)を負っている。

(6)近年、年間労働時間はしだいに短くなり、週休2日制を採用する企業も増えているが、欧米諸国と比べると依然として長い。そのため、過労死が社会問題になったケースも多く、労働時間を短くして、仕事と個人の生活を調和させるワーク・ライフ・バランスが提唱されている。

(7)近年、グローバル化が進み、国際競争が激しくなったことを背景に、正社員の数をおさえ、非正規雇用者を雇うことで賃金をおさえようとする企業が増えている。非正規雇用者は、正社員と同じ仕事をしていても賃金がおさえられ、企業の業績が悪化すると契約解除されるなど、安定した生活が送りにくいという問題がある。

---

p.108〜109　予想問題6

出題傾向

＊これからの日本経済では、好況(好景気)と不況(不景気)について理解しておこう。日本銀行や為替相場についての出題も多い。日本銀行の公開市場操作、円高・円安について理解しておこう。
＊財政では、国の財政と社会保障についての出題が多い。財政・社会保障と少子高齢化の関係をおさえておこう。

❶ (1)ウ　(2)GDP
(3)①(例)目減りする
②(例)物価が継続的に下落する現象のこと。

❷ (1)中央銀行
(2)①発券銀行　②政府の銀行
(3)多国籍企業
(4)①ア　②ウ　(5)円高　(6)ア

❸ (1)A社会資本　B公共　C再分配
(2)ウ　(3)イ
(4)①イ　②現役世代の負担が重くなる。

考え方 ❶ (1)不況の状況では賃金が減り、失業者も増大することになる。一方、好況の状況では賃

金が増え、雇用も拡大することになる。

(2)国内総生産はアルファベットではGDPとなる。

(3)①インフレーションになると手持ちのお金の価値が目減りし、デフレーションになると手持ちのお金の価値は高まる。
②デフレーションとは物価が継続的に下落する状況のこと、インフレーションとは物価が継続的に上昇する状況のことである。

❷ (1)中央銀行は普通の金融機関とは異なる役割を果たしている。

(4)日本銀行が景気を安定化させるために行うのが金融政策で、公開市場操作という。不景気のとき、銀行がもつ国債などを買いとり、代金を支払う。一般の銀行は貸し出せるお金が増え、積極的に貸し出そうと、貸し出すときの金利を下げる。企業はお金を借りやすくなり生産が活発になって景気が回復する。好景気のときはその逆である。

(5)外国との貿易や海外旅行の際、円と外国の通貨を交換する必要がある。その交換比率を為替相場という。1ドル＝100円が1ドル＝80円になると、それまで100円で購入していたアメリカ製の1ドルの商品が80円で買えることになり、円の価値が上がっている。これを円高という。

(6)円安が進むと、外国の通貨価値が上がるため、日本の製品を買いやすくなる。また、日本で使える円が多くなるので、外国から日本に旅行する人が増える。

❸ (1)A社会のすべての人が利用できる施設などを社会資本という。B警察、消防、防衛などの、民間では提供しにくい公共サービスの提供も政府や地方公共団体の仕事になる。C累進課税制度や社会保障、雇用対策を行うことで、所得格差を減らすことができる。これを所得の再分配という。

(3)少子高齢化にともない年金や医療費などの社会保障関係費の割合は年々高くなっているのでZが社会保障関係費と判断できる。国債費は借金の返済のための費用で、国の歳出の中で、社会保障関係費の次に割合が高いのでYとなり、残ったXが公共事業関係費である。

(4)②高齢者の人口が増えるため社会保障に必要な費用が増大するが、高齢者を支える現役世代の人口が減少するため、社会保障制

度をこのまま続けると，現役世代の負担が大きくなる。

出題傾向

＊紛争のない世界へでは，国際連合についての出題が多い。安全保障理事会の常任理事国の拒否権（きょひ）について理解しておこう。また，日本の国際貢献（こうけん）への取り組みをおさえ，人間の安全保障，持続可能な社会についても理解しておこう。
＊貧困解消と環境保全では，地球環境問題についての出題が多い。地球温暖化を防ぐための取り組みをおさえておこう。貧困問題やフェアトレードについても理解しておこう。

❶　(1)A主権　B国際法
　　(2)①ア　②排他的経済水域（はいた）
　　(3)①(例)1か国でも反対すると決定できないこと。
　　　　②Xウ　Yコ　③ア
❷　(1)D　(2)エ　(3)ア
❸　(1)Aエ　Bイ　Cウ
　　(2)①京都議定書　②パリ協定
❹　(1)A持続可能　B人間の安全保障
　　(2)①化石燃料　②Aエ　Bア　Cイ
　　　　③利点：(例)枯渇せず，温室効果ガスを排出しない。
　　　　　　課題：(例)発電コストが高く，電力供給が自然条件に左右される面もある。
　　(3)フェアトレード

考え方

❶　(1)A主権は，内政不干渉の原則と主権平等の原則からなっている。B国際法は，条約や国際慣習法からなっている。
　　(2)①領空は領土と領海の上空なのでア。
　　　　②領海の外側の沿岸から200海里までの水域が排他的経済水域である。
　　(3)①国際連合の安全保障理事会の常任理事国5か国は，重要案件に対して1か国でも反対すると決定できない拒否権を持っている。
　　　　②XはUNICEF(国連児童基金)，YはWHO(世界保健機関)。
　　　　③PKO(平和維持活動)の内容はア。イは総会，ウはUNHCR(国連難民高等弁務官事務所)，エは国際司法裁判所の内容。

❷　(1)AUの加盟国はほとんどが発展途上国で後発発展途上国も多いことから，GNIの総額がEU，ASEAN，USMCAに比べて少ないと考えられるので，Dとわかる。AはASEAN，BはEU，CはUSMCAである。
　　(2)南南問題は，発展途上国間の経済格差なので，③と④の組み合わせが正解。
　　(3)新興工業経済地域(NIES)は1960年代以降急速に工業化した，韓国，台湾，香港，シンガポールなどがあてはまる。（かんこく／たいわん／ほんこん）

❸　(1)Aのマスクなどで口を覆う子どもたちは大気汚染，Bの砂が押し寄せる村は砂漠化，Cのうすくなった氷の上を移動するほっきょくぐまは地球温暖化の問題を示している。
　　(2)①1997年，先進国に温室効果ガスの排出削（げん）減を義務づける京都議定書が採択されたが（はいしゅつさく），アメリカの離脱や先進国と途上国との利害（りだつ）対立がおきた。
　　　　②2015年，パリ協定が採択され，産業革命前からの気温上昇を2度より低くおさえる（じょうしょう）という目標に向けて，途上国を含む196の（ふく）国・地域がそれぞれ削減目標を立てて取り組むことになった。

❹　(1)A「持続可能な社会」とは，将来の世代も現在の世代もどちらも満足させられる社会のこと。B「人間の安全保障」とは，だれもが飢餓や病気，抑圧などの脅威から守られ自（きが）（よくあつ）由に生きられる社会を目指すということ。
　　(2)②Aは風力発電所の風車が林立している，Bは太陽光パネルが設置されている，Cは地熱の水蒸気があがっているところから判断する。
　　　　③再生可能エネルギーの最大の利点は，資源が枯渇せず，温室効果ガスを排出しないことである。課題は，発電コストが高いことである。
　　(3)発展途上国の原料や製品を適正な価格で継（けい）続的に購入することにより，立場の弱い途（ぞく）上国の生産者や労働者の生活改善を目指す運動のこと。国際価格が下落しても一定の価格で取り引きされる。

帝国書院版・中学社会公民